私の考え方

シャープ（株）創業者
早川徳次

浪速社

私の考え方

浪速社

はじめに

私は自分の歩んできた道を時にふれ、ふり返って見ることがある。明治二十六年（一八九三）に生まれ、働きはじめたのが八歳、独立したのが大正元年（一九一二）の十八歳のときである。

実に起伏に富んでいて、いろんな出来事が思い出されるのである。

近頃の私は平凡な中に幸せをしみじみ感じる日々を送っているが、この幸せは過去において苦難に耐え、逆境のたびにやる気を起こさせてくれた先輩や知人のおかげである。

人生は何といっても良き人と誠の心でつながっていることが大切だと思う。

私の信条とする「五つの蓄積」の確立も、人生の幸せもそこからどんどん湧いてきたのである。

本書『私の考え方』は昭和四十四年（一九六九）春から秋にかけて「大阪新聞」に百五

十回に亘って連載させて頂いたものを中心に加筆修正し、昭和四十五年にまとめたものであるが、このたび改訂第十刷を機に更に新しいエピソードも追記させていただいた。私のささやかな体験談の綴りである。

目まぐるしく変革する現代社会の渦中にあって、企業はそして人間はどのようにして生き抜いていくべきか、如何に適応していくべきか——。

本書を手にされたあなた自身も自己対話を通して考え、よりよき信条を生み出していただきたい。

そこには時代の変遷にかかわりのない本質的なものの考え方や手法もあるはずである。

本書が皆さまにとって何かの指針となり、少しでもお役に立てばなによりの幸せである。

昭和四十九年六月

早川徳次

私の考え方――目　次

はじめに　2

第一章　事業の道　9

鋳掛屋松五郎　10
機械の威力　12
くじけない心　14
転機をものにする　16
国産ラジオ第一号　18
商売の駆け引き　20
テレビ製造当初の想い出　22
五つの分配　24
五段かまえの経営　26
事業の成功、不成功　28
〝あきない〟のよろこび　30
好景気の経営　32
仕事と住まい　34
将来性のある仕事　36

第二章　蓄　積　39

チャンスは誰にでもある　40
信用の蓄積　―「五つの蓄積」その一―　42
資本の蓄積　―「五つの蓄積」その二―　44
奉仕の蓄積　―「五つの蓄積」その三―　46
人材の蓄積　―「五つの蓄積」その四―　48
取引先の蓄積　―「五つの蓄積」その五―　50
ウナギの蒲焼　52
人生経験……「実歴」　54
一日一字の積み上げ　56
即決　58
苦しい時の預金　60
金儲け　62

目　次

第三章　つながり　65
温かい手のぬくもり　66
三年目の詐欺男　68
北海道の老友　70
タイ国のお得意さん　72
あるエトランゼ　74
ともだち　76
心の通う店　78
小さい心づかい　80
真心の粘り　82
国産第一号テレビの愛用者　84
思わぬつながり　86
わが家のライオン石　88
前科十五犯の男　90
十年目の消息「前科十五犯の男」後日談　92

第四章　奉　仕　95
その一、こころ
感謝する心　96
なぜ奉仕をするのか　98
職業奉仕―「五つの奉仕」その一―　100
労力の奉仕―「五つの奉仕」その二―　102
アイデアの奉仕―「五つの奉仕」その三―　104
愛情の奉仕―「五つの奉仕」その四―　106
物質の奉仕―「五つの奉仕」その五―　108
人生は借りだらけ　110
「三輪清浄」の教え　112
報恩の心　114
平素が大事な奉仕の心　116
スイスで見た福祉事業　118
私の宗教　120
結局は自分のため　122

身障者に適正な仕事を　124
その二、実行
身障者の工場—早川特選金属工場—　126
嬉し涙が見える　128
まず近隣愛を—育徳園保育所—　130
ニコニコ函　132
奉仕のもどり　134
身障者のクラブ—早川福祉会館—　136
盲人さんの将棋　138
女中さんの浄財　140
先人への感謝　142
第五章　育てる　145
役に立つ人間　146
躾《しつけ》　148
学ぶ姿勢　150
〝次〟をつくる心がけ　152
叱ることと怒ること　154
愛情ある小言　156
経営者と社員のつながり　158
まず己を正す　160
人材は社内でつくれ　162
物を大切に扱う　164
ものは言いよう　166
信じることと分けること　168
第六章　創　意　171
太陽の利用を考えよう　172
模倣される商品をつくれ　174
自己啓発　176
夢を見よう　178
名人をつくる必要はない　180
ひとあし先に　182

目　次

アポロ11号の教訓　184
長所と短所　186

第七章　働　く　189

猛烈社員　190
迷惑をかけるな　192
ムラとムダは過労のもと　194
〝ハタラク〟のため生きぬく　196
転職は十分考えてから　198
社風と愛社心　200
かげの心がけ　202
機械に使われるな　204
失敗を生かす　206
二十九歳で重役になった男　208
まごころ販売　210
徹する心　212

第八章　人　生　215

不幸に動じない信念を　216
よき思い出　218
私の失敗　220
うぬぼれは敗退の道　222
人生は運・鈍・根　224
足らざる幸せ　226
三つの楽しみ　228
「何糞」という文字　230
腹をたてたら損　232
親切にすると気分がいい　234
他人のせいにするな　236
交通事故と身だしなみ　238
火災の教訓 ―関東大震災―　240
『遠い星』公演に寄せて　242
満八十歳を迎えて　244

第九章　楽しむ　247
七十の手習い　248
「歩」をうまく使え　250
「和敬無我」の一服　252
細工物への郷愁　254
趣味を楽しむ　256
茶道は能率の芸術　258
本来心　260
腹六分目　262
味憶　264
健康づくり　266
貧乏ゆすり　268
私の運転免許証　270
「喜分」のポチ袋　272
しずかな楽しみ……「静寂」　274

早川徳次翁の生涯　276

装　丁・本文デザイン　松田空也

第一章　事業の道

震災復興２年目の早川金属工業研究所
（前列右から２人目が著者　大正14年／1925年）

鋳掛屋松五郎

昔、講談などでよく出てくる人物に鋳掛屋松五郎というのがいる。しがない職人なんかやっているより「太く短く世の中をわたろう」といって橋の上から道具を投げ捨て大泥棒になったというのである。

実は私にも子どもの時分そんな思い出がある。幼い時から錺屋《かざりや》にデッチ奉公にやらされたが、当時の年季奉公というものは今の人たちからは想像もできぬひどいものであった。

錺屋といえば地金《じがね》がいるので、ときには私と同じくらいの重量のある地金を日本橋の問屋によく取りにいかされたものである。

ある冬の雪の降っている日であった。地金を背負って日本橋から本所までの約二里の道を歩いて両国橋までやってきたが、寒いのに足袋もはいていないし、腹はへるで肩にくいこんだ地金の重さに息がつまりそうになった。

橋の中ほどだった。もうどうにも我慢ができなくなって、このままおっぽり出して養家に帰ってしまおうかと考えこんでいると、ふと脳裡に話で聞いた鋳掛屋松五郎のことが浮んできた。

考えてみれば私の養家は極貧のうえ継母がひどかったから、帰っても飯を食わせてくれるかどうかわからない。

またどんな目にあわされるかそれも怖い。辛いけれどやはり三度の飯を食べさせてくれる主人の家の方がいい。辛抱しよう……。

そうしてまた冷い雪の降る中を地金を背負って歩いて帰っていったのである。

雪の両国橋は当時十歳だった私には長い長い橋に感じた。

しかし、この橋を越えたことが今日の幸せな道を通れる因となったのだと思っている。

機械の威力

私がまだ二十歳をこえたころ大正三年（一九一四）のことである。そのころ私は東京本所で小さな工場を経営していた。

その近くに時計工場があった。ヘイがお粗末だったのでふみ台があれば工場の内部は一目でのぞかれるのだった。

私は外まわりの帰りなどによく自転車の荷台の上によじのぼり、工場の作業をいつまでもあきずに眺めていた。

というのはその工場には小型のきれいな旋盤が幾列にも並べられ実に能率的に作業が行われていたのである。

私はそれがうらやましく、ヨダレの出るようにほしかったのである。私の小さい工場にはその時たった一台の、しかも旧式のプレス機だけしかなかった。私たちが習った名人芸はすでに限界がきており時代は大きく変わろうとしていたときである。

「ああ、機械がほしい」

私は何度となく口に出し、機械を買うため夢中になって働いた。

そしてようやく最初にセットしたのが一馬力のモーターである。

その代金が二百円であった。いまの金にして二十万円ぐらいであろうか。私にとっては当時大変な金額で汗と油の結晶だった。

場末の小っぽけな工場でモーターを持ったのは私のところがはじめてであった。

程なくモーターの威力はいかんなく発揮され、ぐんぐん実績があがり、他の工場を全く引き離してしまった。

ただ隣家の婆さんから時々「やかましい」とどなりこまれたのには閉口し、その都度私は奥へ逃避しなければならなかった。

その時計工場が現在のセイコー、つまり服部時計店の工場だったのである。遠いはるかな思い出である。

くじけない心

　私が発明して大正四年（一九一五）特許をとったシャープペンシルも発明当初は、その販売に随分苦労したものである。精巧で、実用的で、日常必需品として必ず売れるという自信をもっていたのに、軸が金属であるから冬になると冷たく感じるから駄目だとか、和服には向かないとか不評を浴びせられた。

　何しろ今から五十余年も昔大正時代のことであり、和服姿の多い時代であったから色々と障害もあった。

　しかし私は必ず売れる日が来るという自信と期待をもって問屋説得に懸命になった。

　当時、東京銀座に日本一の小売文具店伊東屋という店があった。私ははじめ六種類のシャープペンシルを持参してその店を訪れ、番頭さんに会ったが、色々と難をつけられた。難をつけられるのは何処か悪いからであり、私は次の週には非難された個所を忠実に改めて持っていった。

その後、月に平均六種類ずつ新しいのをつくり、通いに通って半年におよび、その見本の種類も三十六本にもなった。相手は大きな店だから何日かかっても取引したいという固い意志をもって通い続けたのである。私は決してサジを投げなかった。

六ヵ月後に漸く主人から一度会おうという通知をもらった。雪の降る年の瀬に早速見本の三十六本をもって出かけて行った。

主人は私の商品に対する自信と熱心な説明に感激してくれて、見本の全種にわたり各一グロスずつの注文をくれたのであった。

以来ずっとここからは多量の注文がつづいた、また三越、白木屋、松坂屋などからも大口注文があり海外でも好評を得ることが出来、品不足で製作に追われる毎日が続いた。

私の取引に全く応じてくれなかった問屋関係筋も、急に慌てて取引を頼んで来る始末で立場は逆になってしまった。

この時の体験から私は、まことの心をもって、くじけず仕事をしていればいつか必ず勝利者になれる日が来ると固く信じている。

転機をものにする

長い人生には、一度や二度の転機がある。自から求めて行う場合もあれば、外からの要因で止むを得ず経験する場合もある。

大正十二年（一九二三）九月一日、この日は私の大きな転機をもたらした日である。忘れもしない夏の終りの午前十一時五十八分、私は東京にいて、かの関東大震災に直面した。本所、深川のいわゆる江東地区が、もっとも被害の大きかった土地だったが、私の工場はその本所の林町にあった。

工場も自宅も、ともに跡形なく焼失し、妻と九歳と七歳の男の子二人が命をおとした。私自身も傷を負い、やっと九死に一生を保つという悲惨なありさまであった。

当時、私は自分の発明したシャープペンシルの製造をしていたのであるが、工員もすでに二百人ほどおり、裸一貫から仕事をはじめた私にとっては、小さいながらまず事業らしい形ができた時である。

自然の脅威というものは人知ではとても測り得るものではない。その残した爪あとのすさまじさは今も身ぶるいする思いである。

さて、再起するにもあまりに痛手が大きすぎた。事業と家庭とを一瞬に失った人間のみじめさ、傷心はとても他人にはわかり得ないところである。私が三十一歳のときのことである。

そしてたまたま縁があって大阪へやってきてこの地で再起することにした。震災よりちょうど一年後の九月、現在シャープ本社のある西田辺に工場を持ち、再び裸一貫からのスタートを切った。ラジオ部品の製造からはじめたのであるが、これが今日のシャープの土台となった。

思えば、わが人生の転機は思いよらぬ大震災という天災がもたらしたのだった。

人生には転機も必要である。大切なことは大なり、小なり訪れる人生の転機に真剣に取り組み、これをものにすることである。

国産ラジオ第一号

大正十四年（一九二五）三月、わが国でも放送局が開設されるというニュースは、各方面に大きな関心と期待を呼んだ。

当時私の金属工業の事業は順調にいっていたが、私はなるべく早く新事業の開拓をやりたいと日夜心を砕いていたところであった。常に他より一歩先に新境地をひらかねば、とうてい事業の成功は望まれない。これは年来の信条である。

そこへラジオの出現である。異常なまでに新しいラジオ機械へ関心を持ったのも当然といわねばならない。たまたま当時心斎橋にあった石原時計店に立ち寄った時、アメリカから鉱石ラジオ二台が着荷していたので、即座に一台を購入して帰り、皆でこの機械を分解し研究をはじめた。石原時計店へ寄ったのは偶然である。この偶然のチャンスを活用することも事業をやるものにとって大切である。

しかし金属工業の方の手を休めてやるだけの余裕がなく、すべて寸暇をさいての研究である。しかもラジオに対して全然予備知識がなかったため非常に苦労したが、四月に入って遂に小型鉱石ラジオセットの組み立てに成功した。これが商品としての国産ラジオ受信機第一号であった。

次いで六月ＪＯＢＫが大阪三越の仮放送所から最初の電波を流すのに併行して、本格的にセット製作を急いで市販に移した。果たして恐しいような売行であった。昔から兵は迅速を尊ぶというが機敏にことを運ぶのも商売のコツである。

そして量を得るには能率的であらねばならない。そこで今はやりのコンベヤーシステムを採用しようと皆に相談したが当時のことでほとんどが反対した。私は皆に納得してもらうために他に実例があるが如く説いて手造り式流れ作業を実施したのである。

そのころラジオの組み立てには五十二手を要した。だから五十二人に並んですわってもらい作業をすると一人一台に平均一分という計算になる。果たして計算通りうまくいくかどうか心配していたが、実行してみると、それまで一台組み立てるのに二時間かかっていたのがなんと五十分で一台組み立てることができた。

ウソも方便という諺があるが、これはそのウソをうまく使った例であろう。

商売の駆け引き

昭和の五、六年（一九三〇〜一九三一）頃私は中国で商いをしようと、神戸から船でラジオのほか委託された電池や電線などを積んで上海へ渡った。

上海では早速大世界という繁華街の太平洋飯店を借り切り二日間見本市を開いた。第一日目は予想外に多くの人が会場に来てくれたので、この見本市は必ず成功すると内心喜んでいた。

ところが時間が経つにつれて会場を一巡して見るとどうしたことか殆んどの品が売れていない。最初の喜びはどこへやら、驚きは不安と悲観に変わっていった。

こちらの商品は受け入れられないのか、しかし売れるという見通しでやって来たのでこんなはずはないと、いろいろ調べてみたところ、あちらの習慣として第一日目は、大体多くは下見だけして帰るということを知った。

そこで私は一計を案じ、これと思う商品に売約済の赤札を貼らして、第二日目を迎えた。ところが、昨日の客はこれを見てあせり出し、やがて商品はどんどん売れていった。後にこれを福岡でも方法を変えてやったが、やはり成功を収めることができた。

すべて商売にはある程度の駆け引きは許されもし、また必要な場合もある。商売をやっている人は多かれ少なかれ、こういったことを体験されていることと思う。

だがたまたま昔に成功はしたが、こんな方法は常に使うべきではないと私は思うのである。

自分がやっておきながら今更何を勝手なことをといわれるかもしれないが、商売はやはり駆け引きせずに正攻法で行く方が長つづきすると考えるのである。

テレビ製造当初の想い出

現在テレビは一家に一台の域で各家庭に愛用されているが、我国では昭和二年（一九二七）六月に、浜松高等工業学校が一般に実験公開したのが最初である。その後各国とも研究に余念がなかったが、我国は敗戦の立遅れから、これで実用は各国より数年おくれをとらねばならなかった。

私がこの実験公開を知ったのは昭和五年（一九三〇）のことである。まだ早川金属工業研究所時代のことで、ラジオメーカーとして特別にテレビ放送に関心を持っていたからだ。そこで次代に来るものはテレビだと考え、当時、テレビ研究で一躍内外に名を馳せていた浜松高工へ、研究のために卒業生を求めたいとハガキで申し込んだ。ところが電気科の中島主任教授は、求人に、しかも重要な人物を扱うのに簡単なハガキ一枚なのに驚いたらしい。それはわが工場がまだ書類の取扱いさえ満足にやっていない幼稚な町工場であることを物語っていたのである。

中島教授はこの申し込みを面白いと思われたのか、早速大阪へ来られてわが工場を見られた。やがてこの工場なら大丈夫と確信をもたれたのであろう、将来の希望を教え子の中から特にS君に托して差し向けてくれたのである。彼は爾来三十八年、社の研究部を主導してくれている。

昭和二十六年（一九五一）初頭、テレビの本格的試作を完成したが、業界全般は、テレビ製造は難事中の難として、大メーカーさえ二の足をふんで着手していなかった。早川はこれで会社をつぶすであろうとかげでもっぱら風評されたほどである。

当時、今日ほどのテレビの普及率は想像もつかなかったが私はテレビを作れば十分商売になると確信していた。そこで世界の水準に達する技術をあげるためには、海外の先進メーカーとの技術提携が先決であると考え、昭和二十七年（一九五二）五月、S君を伴って渡米した。RCA社と特許契約をすませた後、全米各地を視察して回って帰国、直ちにテレビ製作に入り国産第一号を世に出したが、その後技術の進歩に伴い改良、量産と今日に至っている。私は現在のテレビ時代を思うにつけ改めてお互いの信頼、将来性への自信に狂いがなかったことを嬉しく感じているものである。

五つの分配

事業というものはまず適正な利益をあげることを第一の条件としている。

しかし、ただ儲けるだけではいけない。

その利益を今度はどういうふうに人に分けるかが大切である。利益をうまく適正に分けることによってその事業は長く繁栄を続けることができると思うのである。

私は利益の分け方を五つに分類している。

まず第一に社員に分配する。

第二に株主に分配する。

第三に仕入先に分配する。

第四に販売店に分配する。

第五に需要家（社会）に分配する。

この五つの分配である。社員には給与とか福利厚生という分配があり、株主には配当金で分配する。仕入先や、販売店にはいろいろの優遇策で分ける。そして需要家であるお客様には満足してもらえる商品を買っていただく……その他いろいろ細分すれば分配すべきものがまだあるが、要は適正にそれぞれに分配することが大切なのである。

過去においては、どうかすると個人が利益をひとり占めすることを事業の繁栄だと考えていた時期があった。

しかし現代、もしこんなやり方をするならおそらく事業の繁栄はのぞめまい。

適正に分配するということは別に会社だけに限らない。大は国家から小は一家庭にいたるまで同様である。

われわれの家族にしても主婦は主婦なりに、また子どもは子どもなりに、それぞれ分に応じた分配をせねばならない。

亭主関白の昔のすがたそのままで主人だけがすべてを独占していては、とうてい円満な家庭を営むことはできないだろう。

五段かまえの経営

事業経営は多端な仕事である。経営のケースはその都度々変化がはげしく、固定した考え方ではちょっとつかまえられないものがあるように思う。
しかし、経験豊かなこの道ひとすじにうちこんだ商略のある人たちにとっては、案外これが造作のないことなのである。
変わり身のはげしさを即座にうまく処理するチエや思慮が、まるでもののヒビキに応じるようにわき出て、好機至れりとばかりに事業を上伸させていく。
ところで私はものごとに対して五段のかまえを立てるやり方を提唱している。
一つにつまずけばすぐ第二へ、
そして第二がつまずけば第三へと、
かねて用意した策をもって応じていくようにするのである。

しかし、大ていの問題なら五段まではかからない。これは私の経験からわかったのである。

将棋を指す場合でも、専門家ならかなり先の手を読んでから駒を動かすのと同じように、やはり変化に応じた対応策を立てることが何事にも必要である。

もっとも、余り考え過ぎてはタイミングを逸することになる。

機にのぞんでの良策がまるで雲のごとくにわき、いつでも実行にうつせる、という境地が一番のぞましいのである。

事業の成功、不成功

事業の成功、不成功は、仕事を不平なく楽しんで、うまず、たゆまず研究努力してやっていくうちに、自然と時代や社会から要求されるものを生み出すときにきまると思う。

しかし、思いつきだけの儲けに走ると、えてして危険に陥る。一儲け主義の人たちのよくないことは、少しうまくいかぬとすぐ投げてかかることであろう。

もともと、根が浅いから確たる信念がない。仕事と取っ組んだ末、終始をともにするという情熱にも欠けるわけだ。

事業の欲はもちろん必要である。だが一儲け主義で欲の先走ったものとは根本から異っていなければならない。

「一旗あげて大きな仕事をやってみたいが、昔と違っていまの世の中はどうもやりにくい」とグチをこぼす人がよくいる。だが仕事をやる以上はいつの時代でもやりにくいのが

当り前で、決して今に限ったことではない。恐れる必要はすこしもないのである。むしろ恐れる必要のあるのは

「何かうまい仕事にのって一儲けしてやろう……」

という根性をおこすことであろう。

独楽《こま》が廻っている間は倒れないように、働き、工夫し、進むものにいつかは輝かしい栄光が微笑みかけるのである。

そして事業の成功には良き人との誠の心のつながりを多くもっていることも重要な条件の一つであると信じている。良き人は決して悪いことをもってはこないものだ。

〝あきない〟のよろこび

正月がまだ昨日のことのように思われていると、もう行楽のシーズンがやってくる。冬がくれば自然に春がめぐってくるのは道理ではあるが、月日のたつのは早いものである。春がくると世間はやがてはなやかに浮き立ってくる。

しかし、われわれ事業の世界では、ともすると不況がついてまわり、思うように利潤がのびず、時にきびしい冬のような状態が続くことがある。

だが、事業とは本来こういった緊張そのものがつねの姿であって、緊張して浮沈する間に、またいい知れぬ事業の興味というものがあって、それが事業をやるものの楽しみである。世間一般にいうレジャーなどとはちがう、あきないのよろこびである。

事業のよろこびはまたチャンスが不断にやってくるということであろう。もちろんそのためには受け入れ態勢をとって常に用意をおこたらぬ心がけがいる。

せっかくのチャンスがやってきても、かんじんの受け入れ姿勢が十分でないと、みすみすそのチャンスを逃がす破目になってしまうからである。

信用、資本、人材の蓄積はこのチャンス受け入れのための一態勢だと考えている。

不況のときには好況期の近いことを考えそれに乗り込む用意を、そして好況期にはいち早くそれに乗り込んで、しかもすでに不況のくることの心がまえを忘れない……。

昔の兵法は見事にこの間の道理を説いている。「治にいて乱を忘れず」と。

好景気の経営

物ごとには必ず浮き沈みがある。経済の動きも同様である。昭和四十四年（一九六九）九月期の上場会社の決算は相変わらず好調で、岩戸景気を上回る連続期の増収、増益という新記録が確実ということである。

しかし常に良いことばかり続くことを望むのは無理であって、成長もするが、また一時的停滞もあるのが当然のことなのである。

したがって経営者は余裕のある時に、不況のくることを意に留めた経営をすることが必要なことは言うまでもない。

研究部門に投資しておくとか、資本を蓄積するとか……不況が来ても動じないように備えをすることである。

かといって景気のよい時にケチケチ経営では社員の士気も沈滞するし、景気が悪くなった時に引き締める余地がない。重役にはいかなる場合でも大ざっぱな金の使い方はさせないが、社員には少々のことは知っていて余裕を与え、多少の目こぼしを残しておくくらいの弾力性ある経営が必要であろう。

景気の良い時にもケチケチ言われ、不況になったらいつクビにされるか分からないような不安があっては、一生懸命働けるものではない。

この辺の手綱さばきが経営の難かしいことの一つでもある。

さて景気の良い時に不景気の時の話をするのは気がひけるが、現在の景気もいずれ下降をたどるであろう。

しかし備えさえしておれば何もビクビクすることはない。不況の次には必ず好況がやって来るのだから、不況の時こそ将来に備えるチャンスだと思うのである。不況期は企業の姿勢を正し、本当の実力をつける時である。不況期を経験した社員とそうでない社員とでは、不況時の働く姿勢が異るとよく言われるが、私もそう思っている。

不景気は歓迎こそしないが、たまには経験するのも薬で、次の飛躍のための力となるものである。

その意味で私は不景気も結構とよくいうのである。

仕事と住まい

スモッグなどの公害で最近は大阪市内から逃げ出す人が多いようだ。

私の家は大阪市内の住吉区万代にあり、かつては庭に鶯が訪れるような閑静な環境の中にあった。

しかしこの頃ではもうすっかり都心並みになり、終日自動車の騒音に包まれている。

だが私はここから引越して郊外に行こうなどとは思ったことがない。

というのは住まいから会社へ僅か十分もあれば行けるという点が、大いに気に入っているのである。

私の住まいはもともと会社の工場に隣接した、どちらかというと工場の一部という態の小建物で、そこにおよそ二十数年も住んできた。

十九歳で独立して以来、私は住まいと会社とは一緒でという主義でやってきた。会社の中に自分が在ることによって会社全体の空気が自分と一体になる。緊急な事態が生じた場合にも即応できる。

しかも私生活について、いつも自分の坐臥のはしばしの些細な行事にも慎重ならざるを得ない、などの理由からである。

また夜おそく、ふと窓から見上げると、あかあかと電気のついている部屋がある。「まだ残業しているんだな、ご苦労様」と感謝の気持ちでいっぱいになるのである。

ところが会社が大きくなって社屋を拡げてくると私の住まいが邪魔物となり、重役会で私に立ち退いてくれというのである。

社長である私が会社を拡張して喜んだのも束の間そのために長年馴染んだ自分の住まいから引越しを余儀なくさせられたというのは皮肉なことであった。

しかし、一面私が四、六時中、会社内にいることは、社員にとって有難迷惑なことでもある。そんなことから付近に古家を探し求め現在の住まいとしたのである。

私は自分の事業を常に座右にみて生涯を閉じたいというのが念願である。

したがって止むを得ず引越したというもののこれ以上遠く離れる気にはどうしてもなれないのである。

将来性のある仕事

私の会社ではご承知のようにエレクトロニクス関係の製品をつくっているが、私の生涯をかけた天職としてこんな素晴らしい、やり甲斐のある仕事はないと思っている。というのはエレクトロニクスこそ無限の未来をもち、将来どこまで発展するか想像もつかないからだ。

地球と月を往復したアポロ11号の製作に貢献した世界企業のノースアメリカン・ロックウェル社と当社がこのほど技術提携して、ＥＬＳＩ（エルシー）というものを作ることになった。

目下奈良の天理市内にこれの量産工場を建設中だが、これはＩＣをさらに小型化、精密化した多相大規模集積回路で、わずか三ミリ角の基盤に、トランジスタ、ダイオード、コンデンサー、抵抗といった電子部品一、八七五個分が圧縮されている。

当面はこのエルシーを電子式卓上計算機に利用するが、これなどますます進歩して、もうすぐピースの箱ぐらいの大きさになるはずだ。

そうなるとポケットの中に入れて持ち歩くことができるし、デスクの引き出しの隅にでも入れておくことができる。足し算はもとより掛け算、割り算など瞬時にして答えがでるのだからソロバン並みに気軽に誰でも使えるようになるだろう。

一般の家庭用電化製品にしても、産業用機器や医療用機器にしても、小型化、高性能化が可能となり、もっともっと改良されて夢の多いものになって行くと考えられる。

太陽電池などももっと安く性能の良いものが完成すれば画期的なものになると思っている。

また光の利用も盛んになってくるだろう。

とにかく困難ではあるが、私の夢が一つひとつ実現され、しかも人類の生活に非常に役立つものばかりであるから、こんな幸せな喜ばしい仕事はないと感謝しているのである。

第二章　蓄積

創業 55 周年記念式典
（昭和 42 年／1967 年）

チャンスは誰にでもある

新聞社の記者の方々に集ってもらったときのことである。「早川さんはチャンスに恵まれておられるが、我々には全然チャンスがない……」と言った記者がいた。

私はそこで

「あなたはチャンスがないといわれるが、あなた自身、信用や資本の蓄積は出来ていますか、また、よき人とのつながりをもっていますか……」とその方の受け入れ態勢について聞いてみた。

すると彼は頭をかいて笑っていたが、自分に信用があるから知人がチャンスをもって来てくれるのであり、資本があるから儲かる話にも乗れるのである。

チャンスというものは、だれにもあるものである。せっかくチャンスが来ていてもそれを受け入れる態勢が出来ていないために逃がしてしまうのである。

この受け入れ態勢をつくる備えが、日頃私のよく申し上げている「五つの蓄積」だと考えている。

信用の蓄積
資本の蓄積
奉仕の蓄積
人材の蓄積
取引先の蓄積

この五つである。

昭和二十四年（一九四九）から昭和二十五年（一九五〇）にかけての不況は、私の事業生活で最悪の状態であった。ドッジ・ラインと呼ばれる引き締めに加え、民間放送が出来るというので現有の型のラジオが売れない……等悪条件が重なり、正に存亡の秋であった。

某銀行からの融資を得て再建の道が開けたのであるが、この時私は経営の姿勢を正し、経営体質の改善をしようと決心した。

そしてその根本となる心構えを私の体験をもとに五カ条にまとめ、将来これを実行していこうと考えた。それが現在社是として掲げている「五つの蓄積」である。

信用の蓄積

―「五つの蓄積」その一―

人生で最も大切なことの一つは、周囲から信用されることではないだろうか。信用は私達の大切な無形財産であり、金銭で買えない真に値打ちのあるものだ。

その信用の根本をなすものは、何といっても誠実にあると思う。「まこと」のないところに信用は生れては来ない。

しかも信用というものは一朝一夕にかち得るものではなく、平常から絶えずコツコツと蓄積していくうちに確固たる信用が築かれていくのである。

この信用は相手方が使ってくれるところに意義があるのであって、こちらの信用を自負して使うものではない。

九つの時に錺屋《かざりや》へ奉公に出て、月々の僅かな給金の中から貯めた五円の金を、主人が困っているのを見て用立てて感謝されたことがあったが、主人は来る人ごとに、このことを吹聴してくれた。

それがきっかけで、私が独立して仕事を始める時、巻島という人が即座に四十円貸してくれた。私の創業資金四十五円の内、五円が自己資金で他は巻島さんの義侠によるものである。

想えば、これは私を信用して下さったおかげで、如何に信用が大切かを身をもって感じとった最初である。

だが、このような体験を幾度となく経てくると、ここに人生の幸・不幸の別れ道は信用があるかないか、良き人との誠の心のつながりを多くもっているかどうかにあるように思えてくるのである。

簡単にかち取ることができない大事な信用だが、たった一度まごころを欠いたために、長年かかって蓄積した信用を失ってしまうことが多くある。

私達は日頃から、すべての点で「まこと」を念頭において行動することである。信用は、いくら蓄積しても、しすぎるということはないのである。

資本の蓄積

―「五つの蓄積」その二―

前の項で、すべて事に当たるには、まず信用が大切であることを述べた。

しかし経営が信用だけでなると速断してはいけない。備えあれば憂《うれい》なしの例えの通り、事業にとって自己資本の充実は欠くことが出来ないことであり、資本の蓄積によっておのずと信用の裏打ちもできるのである。

収支の両面によく均衡のとれた健全な経営を行ない、蓄積の実を挙げなければならない。

先にも申しあげたが、人生にはチャンスはいくらでもあるものだ。

しかしせっかくのチャンスをわずかなお金がないために逃がしてしまうことがある。

たとえそのお金が必要とする金額に満たなくても、その人が一生懸命努力して蓄積した資金があれば、不足分は人が貸してくれるものだ。

だから、まじめに金をたくわえることは信用を蓄積することにもなるのである。

私のよく知っている会社が、その取引先の事故のはねかえりで、大きな損害を受け窮地においやられた。

ところが、その会社は銀行に当時の金額で、千二百万円ほどの預金をしていた。これは私が常にその工場主に

「現金はできるだけ貯金するよう心がけなさい。必ず将来必要になる時がくる……」と話していたので、それを忠実に実行していたからだと聞いた。

結局、三千二百万円の被害を受け、千二百万円の預金ではもちろん足らない。だが、そうした地道な努力、まじめな経営態度を銀行でも認め、また私も信頼して援助したのである。幸いその会社は一年も経ずして立ち直った。

この場合資本の蓄積が、会社の信用、経営者の信用をも蓄積していたことになったのである。

さらに資本は、ただ金だけではない。身体も大いなる資本である。健康の蓄積も決して忘れてはならないことである。

奉仕の蓄積

―「五つの蓄積」その三―

人生は貸しと、借りからなるというのが私の持論である。だれもがこの貸借関係はさけられないものだと思う。私の奉仕はこの借りをお返しすることによってはじまった。

私達は世の中に大きな無形の借りがある。人あるいは返さなくともすむというかも知れぬ。

しかし私は世の中へ、感謝してお返しすべきだと考える。これが奉仕だと思う。

事業家である私は事業を通じて社会への奉仕につとめようと常々から考え、わずかずつではあるが実行にうつしてきている。

まず良い品を安くサービスする。社員に酬い、適正配当で株主にお返しをし、取引先に良くすることである。

さらに広く公共福祉のために奉仕することも忘れてはなるまい。

私は、奉仕は物質がなくても出来ることを職業・労力・アイデア・愛情・物質と五つに分類して機会あるごとに申し上げている。

しかし無理をしたり、他人に迷惑をかける奉仕であってはならない。

奉仕は自分の幸せを返すつもりでやるものだ。

つまり感謝の実行である、実行のないことには、いくら感謝してもこれは奉仕にはならない。

また、奉仕はしっぱなしが良いので、戻りを求めてはいけない。求めずしてした奉仕には必ずといってよいほど戻りがあるものだ。

仮に物質で戻らなくても自分の信用を高めることにもなるし、何よりも自身が楽しく感じるという戻りがある。

私は借りもつくらないし、貸しもつくらないようにしている。知らず知らずのうちに出来る無形の借りは、社会へ返すようにする。今日借りをなくしておけば心労がなくなり、よく眠れるのである。

人材の蓄積

─「五つの蓄積」その四─

事業の運営は人にあるというが、この人材を求めるためには、まず自身が人材たらんことを期さねばならない。

人間はそれぞれの長所を持っているから、つとめてそれを活かして育てていけばやがてそれが他にも及び、自然と人材が自分のまわりに蓄積されるのである。

五十数年間、経営者としてやってきた私が、その間終始持ち続けたものは人を使うというよりも、共に仕事をする、人に仕事をしてもらうという気持ちであった。

「オレが使ってやるんだ」という気持ちを持てば

「オレが働いて儲けさせてやってるんだ」と社員の方でも思うだろう。

三十数年前のことであるが、ある青年が入社した。すると警察から「あれは札つきの男だから、十分注意して使うように」といってきた。それを聞いた私はなんとかその青年が良くなる研究をしてやらねばと、悪いと知らされたことを忘れてその才能を伸ばすように留意した。

青年はそれに答えて懸命に働いてくれ、まもなく表彰もうけるようになった。その後その青年は当社の重要な人材にまでなったのである。

こうしてよき人材がつくられていったのであるが、それをその時「お前のことを悪い人間だと、警察からいってきたよ」といっておれば果してどうであっただろう。

とても会社にはおれなかったのではないかと思う。

まず人材を蓄積するためには現在働いてもらっている人を離さないで、しかもそれを育成してつくっていくことである。

一人人材を得ればつぎつぎによき人とのつながりが開け、期せずして類は友をよび多数のすぐれた人が自然と集まるものである。

取引先の蓄積

―「五つの蓄積」その五―

取引先とはつねに綿密な計画と心づかいとをもってお互いに意志の疎通をはかっていかなければならない。

そしてともに助け合い、信じ合ってお互いが絶対に迷惑をかけないことである。この信条によってお得意も、こちらも共に栄え、そこに取引先の蓄積が生れ、事業の将来も保障される。

私はいつも取引先の買先には「売ってもらっている」売先には「買ってもらっている」という考えできている。

突然大きな注文があっても、つながりがよくないと必要とする日に間に合わないこともあり、日頃支払いが悪いとか、仕入先をいじめたりしていると、折角のチャンスを逃がしてしまう結果になる。

「私の方の利益が薄くてもお宅でもうけて下さい」とこういうようになってくるには、やはり日頃からよいつながりを持っていることだと考える。

私は仕入先でも販売先でも取引先はなるべく変えないことが大切だと思っている。しかし企業が大きくなると、そうもいっておれず二軒三軒とふやしていくが、僅かの値段の違いで、やたらに取り変えたりすることは得策ではない。

利益がある時はお互いにもうけ、もうからぬ時は相談して、相手に迷惑をかけないように工夫をすることが大事である。自分のところさえ利益があったらというやり方は長く続かないものだ。

つまり独占利益は結局は永続性を持たないということである。大きくなってくるとえてしてそういうことが多いので、私はそれをよく戒めている。

結局企業が大きくなっていくためには、人の蓄積に加えて取引先の蓄積の重要さがひしひしと感じられる。

良き仕入先、良き販売先とのつながりを蓄積していくことによって、百年の事業が保障されるのである。

ウナギの蒲焼

私はもともと東京生まれで半生をそこで暮したのでウナギをはじめ、ドジョウ、てんぷら、すし、そば、といったものが好きである。

ウナギのカバ焼は関東と関西では焼き方が違うが、やはり関東のやり方が私には合っているようだ。

これは百年以上も続いたウナギ屋の主人にきいた話であるが……。

カバ焼はまずタレにコツがあるという。タレはミリンと醤油を同割よりやや前者を強めにして煮つめるが、作ったばかりの新しいタレはすぐには使わない。

そして前の壷の減った分だけを入れたしていくのである。こうしてウナギをこのタレ壷に入れて焼いていくのであるが、そうすると壷の中には良質のウナギの脂とともに、新しいタレが加わって独特のダシのきいたものができあがる。

結局昔のタレの味が残っているのだから百年のタレの伝統はいつまでもつづいているわけだろう。

ただ肝要なのは味をかえないため、出来るだけ良質のウナギを使わなければならないという。

したがって天然ウナギだけを使い、さらに泥活《どろいけ》と称して、田んぼのあと地の泥池に放流するとウナギはここで肉の中の脂が中和して一段とうまくなる。

さらにカバ焼にするまでには軟水で二、三日たたいて泥を吐かすのであるが、味の最良の時期は丁度初秋から十一月いっぱいとされている。

かくのごとくにして精選され加工をつくした果てのカバ焼である。これで特異なコクのあるうま味が出なければおかしいわけだ。

それにしても食べ物一つでさえ、これだけの年月の蓄積があってはじめて万人が納得するうま味が出てくるのである。

ウナギと人間を同列にしては大変失礼だが真理は一つであって、信用といい、努力といい、いずれもながい間の蓄積がいかに大切であるかがわかると思うのである。

人生経験……「実歴」

人生経験を私は実歴と呼んでいる。あらゆる過ぎ去った出来ごとがそこにはつまって入っている。

実歴が豊かなほど、また蓄積された経験が密なだけ、人間はしっかりした人生を生きてきたといえよう。

それだけ苦労に耐え、試練にこたえてきたわけである。むかしはよく「若い時の苦労は買ってでもせよ」といわれたものである。

世の中には、この苦労することを何か負担に考え、なるべくそれを避けよう、うまく立ち回ろうとする傾向がある。

しかしほんとうに身にこたえる苦労などというものはそれほど数多くあるものではない。

そう考えてくるとすべての事故や、災難はその人の人生という旅路におきた一つの研究テーマとして考えていきたいものである。

私個人の生活や事業の歴史をふりかえってみても、いろんな災難があとからあとからおこった。

しかし私はそうした災難はすこしも苦労だとは考えていなかった。その都度これを自分の大事な研究対象として一生懸命努力を払って解決してきた。この体験の蓄積が実歴となって、後に大きく役立った。

何かおこると運命論者のように、すっかり受身になってしまって消極的で解決しようという意欲をなくしてしまってはいけない。

最悪の場合でもそこには貴重な人生体験のタネがあるのである。

一日一字の積み上げ

私は小学校二年たらずしかいっていない。文字といえばカタカナと平仮名ぐらいで漢字はほとんど知らなかった。

奉公してから何んとしても文字が習いたくて夜学にも通ったが、職人にとって夜業は普通のことであったから結局は長続きしない。

そこで小僧のころ毎日一字ずつ漢字を暗記することを決心した。一日一字として一年で三百六十五字、二年には七百三十字、三年には実に千九十五字を覚えられるではないかというわけである。

しかし理屈通りにはなかなかいかないものだ。苦心惨憺《さんたん》したあげく曲がりなりにもそれを実行し、やがて新聞に目を通し、雑誌を読みこなすことができるようになった。

丁度その文字を覚えるため苦労していたときである。

三十字、五十字と次第に覚えていくうちに文字に関連性があることがわかってきた。一字の記憶はやがて同じ類似の二字、三字と次々に覚えられどんどんと積み上げられていく。私はまだ年も食っていなくて記憶もいい時だったのだろう。

僅か一年足らずのうちにまずまず目的に近い字を覚えたのであるが、このことは字だけの話ではない。

仕事の上にもある程度の知識なり技術なりを積み上げていくと、それ以上は転がっていく雪だるまのように、みるみる加速度的に大きなものにふくれ上がっていくことに気がついた。

私が文字をこうして覚えたことは単に新聞、雑誌が何の不自由なく読めることになったというだけでなく、その後の私の人生に大きなプラスになったのである。

即　決

お先走りだといわれるかも知れないが、私は何でもすぐに実行にうつすのが好きである。慎重居士というのもよいが、慎重というのは事がおこって急に慎重になるというのでなく、ふだんからその心がまえさえ十分であれば即断即決もいいはずである。

経験者であればあるほど何でも早く即決でテキパキやるようになるものだと思うのである。

ちょっと独断主義のように思われるかもしれないが、そうではない。ふだんにずっと怠らず勉強しているからすでに判断ができている。だから即決するのである。

ただ時たま判らないことがおこってくることもある。

そんな時は「しらべてみるから、ちょっと待ってほしい」ということがある。

しかし、こんなことはまず少ない。まあ五十年も一つの仕事にうちこんでおれば大たいのことはわかってくるものである。それで失敗も少ない。

しかし若いうちはなかなかそうはいかない。

第一即決の度胸が出ない。つまり自信がないからである。

むやみに度胸だけで乱暴なことをやって失敗する、取りかえしがつかない、と考えてしまう。自信はやはり経験をつむことからできるのである。

自信がついているフリをやったら失敗する。

ただ、ふだんの勉強である。日頃の勉強がいい経験になるのである。

苦しい時の預金

九歳から十七歳までの七年七ヵ月、あと三年間を年季明けの職人として、錺屋《かざりや》へ住み込み奉公した。

これが私の実社会へのふみ出しの第一歩であった。奉公のはじめに契約金として親方から、五円の金が親の方に渡された。あとは月々もらう小遣い銭で、一ヵ月七銭か八銭だった。私はそれを虎の子のようにして手元にためていたが、継母がやってきてすっかりさらえて持っていってしまうので、三、四年は一銭も残らなかった。

やがて小遣いもあげてもらい、結局七年七ヵ月の間に四十八円六十三銭もらった勘定になった。

「信用の蓄積」の項でも触れたが、その間私は九円の貯金ができたが、親方が貧乏で仕事の材料も買えず困っている時、こっそり五円融通したことがあった。親方は大変喜んで来る人ごとにこのことを吹聴した。

その後私は尾錠の特許をとって販売しようとしたが、資金が足りない。このとき親方のところへ出入りしていた人が、私の製品の注文をとってくれたうえ、資金の四十円をも貸してくれた。

これも以前親方に貸した五円のことを知っていた結果、私が信用されたものと思っている。その時信用の大切なことを改めて感じたが、しかし信用だけにたよるわけにはいかない。

資本を蓄積することがいま一つ大切なことである。信用は人がつくるもので、こちらが自由になるものでない。だから万全の期待は持てない。

やはり資本の積みあげがないといけない。利殖の根本はどこまでもコツコツと資本を貯えることにある。私はこれに「チャンスの体制をつくる」という表現を用いているが、いざのときに用に足るのは金である。

ことに苦しいときの預金はこうしたときに生きてくれるばかりか、これが有効につかわれたとき、苦しかったときが、むしろよかったと考えるようになるのである。

金儲け

〝貯金は常備薬〟という西洋の諺がある。何もあくせくとお金に執着する必要はないが、金はないよりあった方がよいに決まっているし、いざという時のためにも備えておかねばならないものである。

常に申し上げていることであるが、人生にチャンスはいくらでもあるものだ。ただ、折角有利な話が自分に舞込んできても、わずかなお金がないために、チャンスを逃がしてしまうことが案外多いのではないだろうか。

私は講演会などで、金儲けの方法について質問を受けることがよくある。「稼いで使わないようにすれば金は残る……」というのが私の答えである。

当り前のことで、誰でも分かっていることであるが、この理屈を真に理解できない方もいる。

むだな出費を伴わない日常の工夫、収入に相応した経費の使い方を、お互いに今一度考えてみる必要があると思うのである。

金は天下の回りものとか、金は湧物などと暢気な気持で待っていても、簡単に自分の懐があたたかくなるものではない。

また一獲千金を夢みて、何かひと儲けしてやろうという根性も危険で、感心できるものではない。

利殖の根本はやはりコツコツと、まず基本となる金を貯えることからはじまると思うのである。

私の経験でも、苦しい時にわずかずつでも貯えた金が、必ず後に生きた金となって役立った。

例えその金が必要とする金額に満たなくても、努力して蓄積した金があれば、不足分は人が貸してくれる場合も多いのである。

備えあれば憂いなし——資本の蓄積はチャンスの受け入れ態勢をつくることであり、自己の信用の裏打ちにもなるのである。

第三章　つながり

著者の親友ストラウス氏夫妻は、毎年秋になると育徳園保育所に姿をみせた（昭和29年／1954年）

温かい手のぬくもり

私達は人生を歩んで行く過程で、いろいろな人に出会う。人生の足跡をふり返って見て、人との出会いが自分の生き方に大きな影響を与えていることに、だれもが気付く。出会いの相手が友人であったり、先生であったり、父親であったり、人それぞれに異なるであろう。

私にも今日まで随分いろんな出会いがあった。

そして多くの人との良きつながりも出来たが、なんといっても私の人生に最も大きな影響を与え、感謝しなければならない出会いは、私の幼い時に近所に住んでいた井上という目の不自由なおばあさんと、九歳の時から十年間奉公した錺屋の主人坂田さんの二人である。

目の不自由な井上さんは、継母にいじめられ、ひどい栄養不良になっている私を、住込みのデッチ奉公につれていってくれた人だ。目の見えぬおばあさんに手をひかれて、九つの私は、養家のある深川（東京）から本所の坂田という店までつれていってもらった。

この時の井上さんに引かれた温かかった手のひらのぬくもりは、今なおこの私の手の中に残っている。

私の生涯の門出は、目の不自由な井上さんによってひらかれたのであった。

以後約十年、住込みの年季奉公がつづいた。

きびしく、つらかったが、この間に親方の坂田さんから受けた教訓と温情も、この世の中の最大のものであった。

やがて私は十九の年に、この親方のところから独り立ちをして世に出たのであるが、もしこの二人との出会いがなかったら、私の今日は、あるいはもっとちがったものになっていたであろう。

私達にはこれからもいろんな出会いがあるはずである。よき出会いは、しっかりと離さぬように心につないでおくことである。

三年目の詐欺男

大正の初め、東京本所松井町（現墨田区）に一戸を構えて独立早々のある冬の夕刻、炭屋らしい男が入って来た。

「急に金がいるから二俵の炭を買ってくれ、備長（上等の樫炭）の上物で六十五銭に値引きしとくから」と、一俵の下から光った炭をとり出して見せた。なるほどこれなら二俵で一俵の値だから安い。持ってみると目方も十分あったので早速買ってやった。

二、三日たって炭俵をほぐして見ると、上っ面は炭が並んでいるが、下の炭は水に濡らして重くしてあり、中間にワラを詰めてそこには石と瓦がごろごろとはいっている。もちろん他の一俵も同じである。まんまと詐欺に引っかかったわけだ。

松井町の思い出をあとに、一年後同じ本所の林町に移り、職人もふやし、前の尾錠製作から、洋傘付属品と水道自在器部品作りにと、私なりに発展していった。

ある日、外出から戻ってくると、以前の詐欺の男が、服装も変わらず例の二俵の炭を売りこもうとしていた。

あれから二年、欺された私は懸命に働いて一軒の家をもつようになったが、悪いことをする者はいい人とのつながりができないのか、この男は相変わらず同じことをやっている。

私は彼を憎まず、正業につくようこんこんとさとした上、改めて牛車一台分の炭を持ってくるようにいって帰したが、遂にやって来なかった。

正しいことをやっておれば必ずいいつながりができて自身も伸び、また伸ばしてもくれるものである。この炭屋のような姑息《こそく》なやり方は、結局は世間から見放され、さびしい孤独な一生を終わらねばならない。

彼もこのことは身にしみて感じたことだろうと思う。人には誰しも良心というものをもっている。彼もこの良心を呼び戻し、再び私の前に現われるにしのびなかったのだろうと私は解釈している。

北海道の老友

昭和の初期、北海道にラジオ放送がはじまるというので、東西のラジオ業者たちが全道へ見本市をたてることになり、共同で列車を十両あまり借りきって出かけたことがある。私の一貨車には委託された電池、充電器がともに積んであり、いよいよ旭川を最後に解散という日である。預かった商品がかなり売れ残って困った。

その時土地で時計、自転車の通信販売をしている明治屋の店主佐藤門治さんが私の困っているのを見て、残品を全部買ってくれた。

佐藤さんと私は同じ年で、それ以来ウマが合うというのかずっと取引関係以上に深い心のつながりを持つようになった。

旭川では指折りの資産家だったその佐藤さんが、終戦後財産税で非常に困られた時がある。私は早速品不足のラジオを貨車二はい、この人のために㊋（マル公）で送った。荷が駅に着くや荷おろしもすまぬ間に全部売りつくしてしまった。それが佐藤さんの急場を救う結果となり、こうしてお互いに助け助けられ、ますます友情は深まっていった。

その後、旭川に出張所をつくろうとして、適当な場所を物色している時も、これを聞いた佐藤さんは自分の持ち家に手を加え、無償で提供してくれた。

これらを佐藤さんと商取引上から来た単なる友情と私は解したくないのである。やはり人生は商売人に限らず、よき人との真心のつながりがあって幸せがもたらされると思うのである。遠隔地でもあり、お互いめったに会わないのだが、よき心の友として常に心が通い合っている。遠くにへだたっている友情が、常に顔を合わせているものより浅いとは決していえない。

ながい年月をかけて培われ蓄積された深い友情のきずなというものは、地域や歳月などの条件によって容易に左右されるものではないと思う。残念なことには、この四十年来の心の友だった佐藤さんは昭和四十二年亡くなられた。

今二人の友情を記するに当たり、改めてありし日の佐藤さんの思い出がつぎつぎと私の胸中を去来するのを禁じえない。二代目の佐藤さんも立派な方で、このよきつながりは絶えることはないと思っている。

タイ国のお得意さん

昭和四十一年（一九六六）、タイ国のお得意さんであり親友であるチャルーン・シブンラングさんより「タイ国王の誕生日に私の友人として貴殿を招待し、国王に会ってもらいたい……」との招待状がきた。私は社用を兼ねて、その年の十二月久し振りに東南アジアを訪れた。

チャルーン氏は私を自宅に招き「あなたは私を世に出してくださった。私の今日あるのは早川さんのおかげであるから私の恩人に感謝しないわけにはいかない。それでこのたび私の国にお招きした」と私を招待した理由を述べ、心から歓迎してくださった。

私はお礼のことばとともに「招待された私は勿論幸せだが、自分の幸せを分けられたあなたはさらに幸せだ」とかざらない私の気持を申し上げた。

氏は私の四日間の滞在費一切をぜひもたせて欲しいと言われた。そこで私は国王にお会いした機会にその費用に見合う金額に若干プラスして、社会事業に使って頂きたいと直接国王に寄付したのである。

チャルーン氏との出会いは、昭和九年二月頃、私がタイ国のバンコック市へラジオ受信機の販売に出かけた時である。当時チャルーン氏は二十四、五歳の青年で勘当をうけていて、主人である父親から出入りを差しとめられていた。

私が日本から何の縁故もなく飛び込みで異国へ拡売に来たものだから、主人は日本の元気な若者に会わせて息子を改心させようと考えられたのであろうか。チャルーン氏はこれがきっかけとなって帰参が叶い私と商談することになった。

彼は、いろんな事業につぎつぎ成功し、今やタイ国屈指の財閥となり、タイ国商工会議所の会頭である。

言葉が異なり、国も遠く隔ったお得意さんであるが、昔の偶然の出会いがこのように長く良きつながりをもち続けていけることは、誠に幸せなことである。

彼はタイ国一といわれるほどの見事なビルを建てたが、その屋上には、わがシャープのネオン広告がついている。

あるエトランゼ

毎年秋が深まってくるときまって私の前に、なつかしい外国の友が姿をみせる。

Ｈ・Ａ・ストラウスさんとキャロル夫人のカップルだ。彼はドイツ系のアメリカ人だが、いまは米電機業界の雄であるＲＣＡ会社の副社長である。

ストラウス夫妻と知り合ったのは当社が日本ではじめてテレビを製造することになり、ＲＣＡと技術提携（昭和二十七年）したころだから、もう二十年近くになる。

彼は日本語もうまく、大の日本びいきでひとかどの和食通でもある。東京で彼から逆にうなぎのうまい店へ案内されて、馳走になったこともあった。

彼が来日するとかならず、いくつものパッキングケースと多額のお金が私の手許に送られてくる。私が園長をしている育徳園保育所の子どもたちへのクリスマスプレゼントである。

この贈り物が届くと、しばらくしてストラウス夫妻が多忙なスケジュールをさいて、まるで約束してあったかのようにニコニコしながら育徳園を訪問する。

そして、さきに届けられたパッキングケースからお菓子をとり出し、子どもたち一人ひとりに手渡しをする。

歓声あげて喜ぶ子どもたちにかこまれ、夫妻は幼い子を抱きあげたり、オカッパ頭をなでたり、ほんとうに楽しそうである。

彼とはウマが合うというのか会うにつれ、語るにつれ親近感がたかまり、いまでは親戚のようなつき合いであるが、それにしてもこうした行事が二十年近くも続いているのは夫妻の温い人柄と深い友情によるものだろう。

国が異なり、生活も、言葉も異なるが、いつまでもかわらない彼との心のつながりに私は感謝したいのである。

ともだち

私は友情とは、友達《ともだち》つまり共に立つことだという解釈をしている。共に立つというのは相手の長所を生かして受け入れることにある。相手の欠点ばかりが目に立っていては真の友情は生まれてこない。わが自尊心を失うことなく謙虚に相手の美点を受け入れる。

ここに人とのつながり共立の基礎がいきてくると思うのである。日々の会社生活においても、お互い共立の生活の上に立って友情をもって仕事を推進しているはずである。

それでこそ楽しい職場が、また活気あふれた仕事が推進されていくのではないだろうか。仕事の上では口角泡をとばして自論を戦わし、どこまでもその信念をつらぬく心根が大切である。

しかし相手の考えがわが信ずるものより優れている、また一考に値するものであれば、それを他意なく聞くというのが真の態度で、これが友情につながっている。即ち、聞き上手になることが大切なのである。

かりにも論議の果て好悪の感情から友人のわけ隔てをするような気持ちは極力さけたいものである。

先日、あなたの好きな人物は、というあるアンケートに私は「嫌いな人なし」と書いたのである。

せっかく友達になり友情が生れたのに長続きせず、絆が切れてしまうことがある。

これはお互いどちらかに共立ちの心が欠けていたからであろう。

共立ちの精神で永年、友情を保ちつづけるということは仲々むずかしいことである。

しかし、これを持続していくところに自己の信用の蓄積も、幸せの蓄積もなると思うのである。

心の通う店

十年ひと昔というが、私には二十年から三十年に亘って私が行ったり出入りしている店がいずれも本社近くにある。

一つは散髪屋、それにすし屋に中華料理店である。

大ぜいの客に食べ物を準備する時など、自宅に出張して来てもらっている。

一口に二十年、三十年というが、どこか気持ちの上で相通ずるものがなければこうは長く続かないものである。

お得意だから私を大事にするのは当然だと片づけてしまえばそれまでだが、私はそうは考えたくない。

そこにはまごころと奉仕するよろこびが含まれていると解釈したい。

すべてによい方へ解釈することが気持ちの上でも幸せである。

そう考えてくると、間接的にこれらの人々は、私の業務の一助になっていると考え、そのながきに亘って今日まで来たことに対し、最近この三つの店の主人に感謝のしるしとして感謝状と記念品に当社の製品を贈って喜ばれた。

こういったことは私に限らず、皆さんの中にもおありだろうと思うが、自分の近くによき友人がいてくれることは大きな喜びである。

こうして仕事以外にも心の通うつながりをもっておけば、毎日の仕事を一層楽しく過ごせるのである。おひとよしといわれるかもしれないが、私はこれで満足しているのである。

私はこれらの三つの店以外にも行きつけの料理屋などがある。

何れも相当長いつき合いであるが、心のやすまるいい店や料理屋は大切にしたいと思っている。

このように長くつき合っていくコツはお互いに迷惑をかけずにやっていく心がけである。行きつけだからといって無理をいってはいけない。

お互いが迷惑をかけず、いいつながりを離さないように努めていくところにお互いの幸せや心の実りが生じてくるのである。

小さい心づかい

誠の心や感謝というものは必ず通ずるものである。嬉しいことがあれば共に喜び、悲しいことがあれば共に悲しむという気持ち……。

しかしそれには人の和ということが大切である。ことに事業にはこの和を忘れてはならない。

経営者と従業員とは会社の両面の盾のようなもので決して従属の関係ではない。絶対に共存すべきものであって、お互いがそれぞれ存分の力を発揮し合ってこそ伸展していくのである。それには先にいった和というものが含まれていなければ成り立たないと考える。

こういった意味から私は人を使うというよりも共に仕事をするという気持ちで今日まで来ている。従業員がまだ二十数名の大正の頃より数十年間、私は一つの喜びを毎年実行して来た。

それは誕生日を迎えた従業員にお祝いのことばを書いたものとともに、紅白の饅頭を渡すことであった。人の少ない時には私の部屋まで来てもらい心からおめでとうといって、一人ひとりに渡して喜ばれた。

紅白の饅頭なんて子どもじみているといわれるかもしれない。またそんなものは多寡が知れていると思われるかもしれないが、たとえ渡すものが些細なものであっても、従業員にすれば自分の誕生日を覚えていてくれる会社にいだく感情、そこには目に見えないなごやかなものがお互いに生じている。

このちょっとした小さい心づかいをながらく続けられた私もまた幸せであった。

紅白の饅頭はその後一組のコップに変えたが、従業員二万余名を有するに及び現在心ならずもこれを止めざるを得なくなった。

私はこのことを講演の中で、これまで幾度となく話しているが、中小企業の経営者や、銀行の人々の中には賛同されて、実行されている方々があると聞いている。

人生においても絶えずこういった気持ちを持ち続けるなら、人とのつながりは必ず長続きするとともに、円満にすごすことができると考えるのである。

真心の粘り

戦時中のことである。その当時私は陸軍へ無線機を納入していた。社の事業として海軍へも同じように納入したいのは当然であるが、知人も伝手もなく、どのようにこの話をもっていくべきかと困っていた。

その当時の常務が「とにかく担当監督官に面会できるまでねばりましょう」と、それから三日間毎朝、海軍省の入口に頑張って、担当の佐官の人にようやく面会することができた。こちらの真心とねばりが相手を動かすに至ったのか、遂に工場を見に来てくれるところまでこぎつけた。

やがて航空無線機試作三十台の命を受け五ヵ月にわたる研究苦心の末、納入期日に全部を間に合せた。そこで私は新たに月産二百台という最産計画を立てたのである。

技術面から見ると、普通ラジオの二万五千台にも匹敵する量である。

監督官は三十台の試作に半年近くかかっている町のラジオ工場が月産二百台などなにをたわけたことをと問題にしなかったが、組立工場の建設、流れ作業の実施、内部設備など目的達成のため、綿密な計画のもとに一同力を合せてこれを完成、目標の二百台の無線機を数ヵ月のうちに納入することに成功した。

私はこの体験から何ごともいいと思ったことは、それを貫く堅い意志と真心をもって当ることだということを学んだ。

真心のこもったねばりは、相手に必ず通じるし、成功への道もひらけると確信している。

その時の監督官だった人とは、現在もなおつながりがある。

これもその時に真心をもって当った結果と喜んでいる。

国産第一号テレビの愛用者

昭和二十九年より昭和三十一年（一九五四〜一九五六）ごろ、約二年の間にシャープのテレビを購入した人から、現在なお元気よく役に立っているという嬉しいお手紙を沢山いただいた。

そのうちの二通をご紹介したい。

一通は飲食店の女の方で開店と同時に買ったが、いまもお客さんたちの驚嘆の的になっている。

とても愛着を感じているので旧型ながら店に置いて愛用したいと書いてある。

もう一通の方は神戸の方である。

当時小学校三年と一年生だった子どもさんたちがすでに大学、高校に成長され、現在もテレビは健全に十分役に立っているというのである。

昭和二十九年と言えば国産第一号型のテレビで、当時千台生産したが、そのうち二百七十台余りが今なおその役割を果しながら可愛がってもらっていることが最近の調査で判明した。

製造家として私は大変嬉しく思い創業五十五周年の記念の年でもあったので、この二百七十余名の方々にはカラーテレビと無料で交換し感謝の意を示したのである。

あまり手前味噌になるので私は二通の手紙について自分の意見らしいものをつけ加えることをさけたい。

ただ信用というものがこの世で一番大切なものであり、この二通の手紙が十数年後にしてようやくその成果があがったことを証していると思ったのである。

思わぬつながり

東京でシャープペンシルの製造をやっていた時、関東震災にあい致命的打撃を受けたことは前にも述べた。

その時震災へ追いうちのように、特約していた文具会社からは、特約契約金と融資金の返済を迫られ、やっとそれを片付けて立直りかけたと思ったら、今度は清算済の借金を契約証文の不備を盾にして、返済をせまり、訴訟にまでもちこまれた。

実に苦い経験を味わった。そこの社長は商利にさとい、なかなか見識のある関西でも有名な人であった。

しかし私は決して相手を恨んだり、またくやんだりなどせず、そのことをいい刺激にして一筋にこの苦境を乗り越えるべく努めた。

何年か後、社の事業が軌道に乗り出した頃、この社長が私のところへ機会を見ては交際を求めて来た。相手はいくらか過去の自分の行為に対して、淋しい気持ちが心の隅に残っていたためではなかったかと思われる。

私は過去にこだわらず、晩年もずっと交際していた。その奥さんが亡くなった時、自動車がないというので私のところのを二台差し向けてあげたこともある。

しかしその社長が亡くなるとすっかり事業は駄目になったようである。

ところが、たまたま最近私は身体の調子を診てもらうため、珍しく病院へいったところ、そこの医長が「昔文具会社をやっていたのは私の叔父に当ります。私の結婚祝いに叔父からシャープラジオをもらいましたが、今でも使っています」とニコニコ話された。

この世の中には思わぬところにつながりがあるものである。

常にこのことを心において、その場の感情での放言や、軽はずみな行動はせぬことである。

また自分の気持ちの中にいつまでも負担を持つような恨みとか借りがあったり、少しでも暗いかげがあってはいけない。

こういうことがなければこそ、こんどの医師との奇遇にも気持ちよく接することが出来たのである。

わが家のライオン石

私の家の庭に重さ十二トン（約三千貫）の石がある。北浦和にすんでいる懇意な人からもらったものである。

昔から人間も石を友にするようになれば達人の域にはいれるそうであるが、私はそれまで石にあまり関心がなかった。

庭があれば当然そこに置かれているもの位にしか考えていなかったものだ。ところがその人が、とにかく一度みて好きなのを持っていってくれ、というので上京を機に北浦和まで出かけた。

結構な庭には、あちこちたくさん石が据えられてある。石どもはどれもが数えきれない長い歳月を経て、風雪に耐えてきた蒼然たる肌をみせている。

ある奴はデーンと構えて金輪際ここから動かないぞとばかりの態度を示している。こちらの方は乃公《わし》をどうぞとでもいう恰好でちょこんとうずくまっている。仔細に一つひとつ見ているとなかなか面白いものである。

私は小がらのせいか総体に大きい形のものが好きである。見ているうちに砂漠の獅子に似た大きな秩父石が大いに気に入った。あたりを睥睨《へいげい》し今にも咆哮《ほうこう》をあげそうな勢いのいいやつである。結局その石にきめることにし、その旨をあるじに申し出た。

あるじはにんまりしながら快諾してくれた。

そんなわけで、この石ははるばる東海道をトラックで四人の男につきそわれてわが家にきたわけである。

娘が「石に名をつけよう」というので「ライオン石とでもするか」といったところ皆が笑いこけたが、以来ライオン石と呼ばれていささかの不自然さもなく、人の好意の象徴として、家の庭にどんと座っている。

この石を見るたびに人との良きつながりの有難さが思い出されるのである。

前科十五犯の男

ある日私のもとに一通の手紙がきた。内容は

「二歳で両親に死別、軽業師にもらわれ虐待と辛苦の中に育ち十三歳の時、師の所を逃げ出し転々流浪、前科を重ね刑務所暮しをしてきたが、年も六十をこえ正業につくことはできず、神経痛のため労働もできぬ。ついては刑務所でおぼえた靴修理を大道でするための入費五千円を融通してほしい」

というものである。

二、三日してその前科十五犯男から電話があった。私が会おうというと会社の人たちはちょっと狼狽し、緊張したようだった。私は社員一人を伴い応接間で会った。

髪に白いものがみえるが老人にはみえない恰福である。

「五千円でよろしいのか?」

「はい、それで結構です」

「ご用立てしましょう。あんたが現在の境涯から立ち直られるなら何よりです。お持ちなさい」と私は千円札五枚を彼の前においた。

「ありがとうございます。仕事に余裕ができましたら少しずつでもお返しします」

「決して返すにはおよびません。返す気持ちがおありならあなたの周囲の気の毒な人にあげて下さい」

彼はちょっとうなずいて千円札を数えポケットにしまった。

部屋に戻るとみんなが気がかりな様子で待っていた。

「そりゃ社長食わせ者ですよ。だまされたんじゃないですか」

誰かがいうと皆至極同感の表情を示すのだった。

しかし私は「そうかも知れない。ただ彼の手紙と言葉を私が信じているということで世間から冷視されて歪んでいる心に何らかの希望の明るい灯をつけることにでもなれば……」と思った。

素直にだまされた方が相手に反省の機会を与えることになる場合もあると考えるのである。

十年目の消息

「前科十五犯の男」後日談

十年ひと昔というが、その年の暮もおしせまってから、ひょっこり前述の前科十五犯の男から私宛に十年ぶりの手紙が届いた。

「幾年か前に社長さんに助けてもらってから約束通りくつ磨きをはじめ、生れてはじめて正業らしいものにつくことができました。しかし、四年前に心臓病で倒れ、現在は老人ホームでお世話になっています……。」と仲々の達筆で、しかもしっかりした文章で書かれていた。

私はかねがねその後の彼の消息を知りたいと思っていたので、繰り返しその手紙を読んだ。読むにつれ十年前の私の厚意が本人を立ち直らせる契機となったことをその内容からひしひしと感じ、心からうれしく思った。

手紙には消息のほかに「使い古しでもよいからテレビが欲しい」と書き添えてあった。

「自分には身寄りがないし、毎月のわずかな老人年金からでは何年かかってもテレビを買えそうにありません。仲間が毎日楽しそうにテレビを見ている姿を眼にすると堪えられない思いです。欲しいと思ってから三年間辛抱してきましたが……」という意の無心だった。

私は快くこれに応じて、すぐにテレビを贈ることにした。七十二歳のこの孤独な老人は「嬉しさと有難さで涙にくれて一晩中眠れなかった」と丁重な礼状を書いてよこした。

二歳で両親に死別し、人生の大半を刑務所で暮して来た彼には、自分を信じてくれる人、自分に愛情をそそいでくれる人がいなかったのではなかろうか。

現在老人ホームの中でやっと落ち着き静かな幸せをつかみ得たという彼の言葉に心うたれるのである。

私がこの男にだまされているのではないかという人もいる。しかし例えそうだとしても彼は早川がオレを信じてくれたと心に感じてくれているにちがいないと思うのである。

人を信じることは自分にとっても相手にとっても幸せなことではないかと考える。

（追記）そして、更に二年後、「東京都内の老人ホームに引越することになり、各室シャープのテレビ付なので、二年前にいただいたテレビをお返ししたい……」と手紙で言って来た。私は「貴殿の名前で今まで世話になっておられたホームに寄贈されては如何……」と返事を書いた。

第四章　奉　仕

昭和 29 年（1954年）に開所した育徳園保育所
（旧園舎）

その一、こころ

感謝する心

私は神仏に対して特別な信仰を持っていない。

しかし、ものごとに感謝する気持ちは知っているつもりである。

幼いころ私は継母から口ではいえないようなひどい仕打ちをうけた。

そうしたとき近所の人たち、とくに井上さんという視覚に障害のあるおばあさんがかばってくれて錺屋《かざりや》に奉公に入れてくれ、家から出してくれたのであった。

奉公をしてからも、いろいろ意地悪されたり、辛い目にも沢山あった。

だが一方ではまた人間味のある人がいて私に厚意を示してくれ、いつか私は暖かい人の心の喜びを知ったのである。

私が逆境に育ちながらも冷酷な人間になり終わることなく救われたのは、この人たちの愛情のおかげであると考えている。

こうしたことから私は感謝する気持ちを知り、他に対し暖かい手をのばすことのしあわせを覚えたのである。

商売の道にもこれを考えると、一方で売れなくても他の面でさばくことができるのである。不況があってまた好況がある。

全然売れないでは会社はもっていけないが、うまくできたものである。ここを感謝すべきで、その気持ちを私は奉仕のこころとして表現している。

よき人との心のつながり……チャンスをつかむ……こういった幸福はやはり奉仕するこころがあってこそ生まれてくるものだと思っている。

なぜ奉仕をするのか

奉仕はなぜやるかという疑問をもつ方が、まだ多くおられるようだが、私は奉仕とは自分が幸福だと感じたとき、それに対するお返しの気持ちだと思っている。だから人に恵んでやるとか、気の毒だからあげるという考えではいけない。自分の幸せを感謝して分けるのだという考えが必要である。私は奉仕の目的について、三つに分類して考えている。

第一にご恩を受けた人に返す直接感謝の奉仕、つぎに過去にいじめられたり、軽蔑された人に対して返す奉仕、私はこれを勝者の奉仕といっている。

第三には社会から受ける恩は深く広いもので、これに対する奉仕、すなわち社会への奉仕である。

自分の幸せはいかに努力しても自分だけの力では決してかちとれないものである。どんな人でも知らず知らずのうちに世間のお世話になり、借りをつくっているものである。

これを返していくこと、それが私は奉仕と解釈して実行しているわけである。奉仕を実行していると不思議に「戻り」がある。

しかし「戻り」を計算に入れると奉仕が奉仕でなくなるし、戻ってこないとガッカリしなくてはならない。

奉仕とは何も求めず返しっぱなしが一番いいのであり、それを実行することによって幸せがどんどんわいてくるのである。

だから「返せるようになったら返しなさい」とよく若い人たちにもいっている。

奉仕というものを、金がなければできない、貧乏だからいまはできない、という方も多いが、私はさらに五つに分類して誰にもできる奉仕の方法を次に述べてみたい。

職業奉仕

―「五つの奉仕」その一―

前ページで奉仕の仕方を五つに分類して述べると申しあげたが、それは

職業奉仕
労力の奉仕
アイデアの奉仕
愛情の奉仕
それに物質の奉仕

この五つの奉仕のことである。
まず職業奉仕について私の考え方を申し上げてみたい。

職業奉仕にもこれを更に二つに分けて考えたい。

一つは利益を目的としない奉仕であり、他は利益を目的とする奉仕である。

前者はたとえば警官とか消防士とか、看護師さんとか、いわゆる公的なものに多く、それらは利益を伴わない職業を通じて奉仕している。

後者は事業奉仕である。事業はやはり適正な利潤をあげてこそ奉仕ができると思うのである。

事業家はもし事業が赤字経営ということになり、適正な利潤が得られないとなると会社そのものがピンチになるだけでなく、社会全体にはかり知れない迷惑をかけることになる。

したがって私は適正な利潤を得て、それを適正に分配することが奉仕だと考えている。

適正利潤の分配はまず働く人に分配し、株主に分配する。またお得意さんにも分配し、仕入先にも分配する。

それから私は製造家であるから、造った品物が社会で役に立ってもらって喜んでもらう、そこにやはり奉仕があるのではないかと思っている。

労力の奉仕

―「五つの奉仕」その二―

第二は労力の奉仕である。労力といえば、いろいろある。

目の不自由な方のために点訳をするとか、町を美しく清掃するとかいった奉仕も勿論これに含まれる。

しかしここでは労力＝サラリーといった考え方について述べてみたい。

最近の若い人たちは働くのは月給のためだと割り切っている人が多いようである。

ここのところをいますこし私流に掘り下げてみたいのである。

労働によって給料を得ることができる。これは当然のことである。

しかし労働の価値はそれだけではないと思うのだ。

たとえば工場でうつネジ一つの労働が、その製品のカナメとなり、やがて商品として一般の家庭生活に入る。

そしてそれぞれの使命を労働によって、見事に果たしていくことを考えたい。ネジ一つうつ労働の重要さ、ここのところである。われわれの労力はすべてわれわれの社会生活につながっていて社会のために奉仕しているということである。

そうして事業の果たす社会的な役割に大きく貢献しているのである。その労力には当然、ゆるみない心構えや、鍛えられた高い技術、たゆまない開拓への精神なども無限にふくまれているものである。

そう考えてくると、われわれはお互いの労力を、ただもう金銭だけの価値なりと片づけるのはいかにももったいないないと思うのである。

アイデアの奉仕

―「五つの奉仕」その三―

さて第三はアイデアの奉仕である。これは自分の経験を他人におわけするという奉仕である。

経験をわけることによって行き詰まった人には新しい道がみつかり、その人が幸せになっていくので、経験の奉仕といってもよい。

アイデアの奉仕に成功した例を私はいくつかもっている。

大阪に近い田舎の老人ホームにあった話である。

ここには八十名あまりの老人たちが収容されていた。経営はある寺の住職の奉仕によって営まれているが政府の補助金が少なく、その費用の捻出にはいつも悩まされているというのである。

丁度私はその地方のロータリークラブに講演を依頼されて行ったので老人ホームのた

め、ちょっとしたアイデアを提供してお役に立った。

それはロータリークラブにニコニコ箱という義金を入れる箱があるので、それをクラブに頼んで老人ホームの入口に設置してもらおうというものである。

この提案は早速実行された。そして何ヵ月かたった。

老人ホームを私が再びたずねた時は、それまで月十万円ずつ不足していたものが、何んと六ヵ月の間に七十二万円もの義援金があつまったということであった。

アイデアの奉仕は何もこの例のような金銭だけに関してだけではない。

日常生活の中でちょっとした創意の提案が、どれほど世の中を明るくさせ、住みよくさせるか、はかりしれないものがあると思うのである。

愛情の奉仕

―「五つの奉仕」その四―

第四番目は愛情の奉仕である。愛と情を伴ったこの愛情の奉仕ということは非常に大事なことである。

しかもこれはアイデアの奉仕同様、無尽にその奉仕をすることができるのである。

私は機会をみては施設を訪問するが、とくにそういう施設にあって知的障害者などをお世話する人々をみると、これは金銭だけの問題だけではなく、愛情が伴わないと、とてもできない奉仕だと思うのである。

お里、沢市で知られている奈良県高市郡高取町にある壺阪寺には目の不自由なおじいさん、おばあさんが百名ぐらいおられる。

全部無料でお寺さんがあずかってお世話しているのである。

そこで働いている人々の姿をみると、これはもう愛情なくしてはとても出来ない仕事である。

かつて私の方の社員寮でおきた出来ごとだが、元寮生だった社員の奥さんが出産を前にして輸血が必要になったことがある。

これを聞いた寮の若い社員十三名がすぐに車をつらね病院にかけつけ尊い血をささげてくれた。おかげでその奥さんは危機を脱することができたのである。

これも大きな愛情の奉仕といってよい。

困った時はお互いが助け合うこのわかりきったことがなかなか実行できないのがこの世の中である。

物質の奉仕

―「五つの奉仕」その五―

第五番目は物質の奉仕である。

世間には往々物質による奉仕をもって最上のものと考えるむきがある。

しかし物質の奉仕にはそれぞれ限界があり、誰でもがその奉仕をなし得るというものではない。

一方これまで私が述べた四つの奉仕、たとえばアイデアとか愛とかいった類は無限といっていいほど何処までも尽きることなく、いつ、どこでも奉仕ができる。

しかし、物質による奉仕の力も決して軽視してはならない。

というのはこれほど直截的《ちょくせつてき》にそのものズバリと奉仕に役立つ力をもったものはないからである。

ここ五年間毎年暮になると私のところへ金を送ってくる青年がいる。

この人がまだ二十歳をこしたばかりの若い人で、「あなたの奉仕の精神に感銘した。生きている間僅かのお金であるがお送りするつもりでいる。どうかあなたの奉仕の足しにしてほしい」

というのである。

近頃の若いものは、ということばをよく聞くがこういう立派な考えの青年もいるのである。

この浄財は主として毎年、新年に失明した人ばかりの将棋大会をひらくので、その食事と賞品代に使わせてもらっている。

実にありがたいことだと思うのである。

ただ物質の奉仕は無理をして自分自身が苦痛を感じるようではいけない。

自分が人に分けてあげられるという幸せがあって、はじめて奉仕が生きてくるものだと思うのである。

人生は借りだらけ

私は自分の工場の近くに「早川特選金属工場」（現シャープ特選工業株式会社）という工場をつくり目の不自由な方々を中心に身体障害者六十数名に働いてもらっている。現在視力が全くない人が社長で年間三億円余りの仕事を立派に経営されている。

なぜ私が福祉事業のお手伝いをはじめたかというと、実は私のささやかな恩返しの気持ちからなのである。

ご承知のように私は九歳のとき奉公に出たが、その時奉公先に連れていってくれたのは、前にも述べた近所に住む目の不自由なおばあさんであった。

私の今日あるのはこのおばあさんのおかげといってよいのである。

生きておられる間は自分の家にも何回もお招きしたし、奉公先でおばあさんのご主人が亡くなられたと聞くと、かけつけてその湯灌《ゆかん》を私が買って出たのである。

ところが例の関東大震災でおばあさんは行方しれずになってしまい恩を返すといっても
もう世におられない。

そこでおばあさんと同じ目の不自由な方々にお返ししようというわけで考えついたものである。

幼い自分にさしのべてくれた温かい思いやりに対し、こうした形でもお返しできるということ自体、私はまことに幸せだと思っている。

自分が幸せになったということはまた世の中から受けた一つの借りである。

考えてみれば人生は借りだらけではないだろうか。

よほど返しても返してもまた借りができる。

これを返すのが奉仕だと私は思っている。

「奉仕したが、ちっともこっちを向いてくれない」というケチな考えでは奉仕の意味をなさない。

借りをお返ししたつもりで何も求めない、返しっぱなしが一番いいのである。

「三輪清浄」の教え

金は生かして使えとよくいわれているが、たとえその金が生きて使われても出どころが悪ければ何んにもならない。

映画やテレビなどで、やくざが賭場で稼いだ金を困っている人に恵んでやったり、鼠小僧という義賊が大名屋敷や豪商から奪った金を貧しい人々に恵んでいるのを見るが、なかにはその行為を英雄化して、今日でいう一種の社会事業家のようにいうものもある。

しかし賭博は賭博、盗みは盗みに変わりはなく、その金は正当なものではない。

ものを恵むとか寄付するには、正しい金でなければいけないことは無論だが、義理とか、世間の体面上にやったのではそのものが生きてこない。

心からその人や世の中のためにという気持ちからでないといけないと思う。

また寄付をうける方も正しく活用し、多くの人達の幸せをもたらしてくれるものでなければならない。

差しあげる金子も清らかであり、そこには何んの野心もあってはならないので、使用する立場にも清浄な心の用い方が必要である。

ここに仏の心「三輪清浄」という心構えが教えられている。

これは寄付する側の心や、相手方の受取り方などが含まれていることばであると親しい坊さんから聞いたことがある。

三輪清浄の意味を教えられた私は、これはそのまま私の社会奉仕への態度であるとも思った。

私は常に社会へ奉仕させていただく幸せを感じている。

今まで私の人生をささえてくれた生き甲斐の一つでもあると思っている。

報恩の心

ご恩返しというと何か古いことのように最近の若い人達は感じるらしい。

しかし人の世話になり恩を受けたことに感謝して何らかのかたちでお返しするということは、今も昔も変らない社会生活における常識である。

私にとって九歳のときからの十年間はきびしい奉公時代であった。

しかしこの奉公生活があったからこそ今日の幸せな自分がある。

こう考える時、奉公先の主人（故坂田氏）は私にとって生涯の恩人であった。

関東大震災のあと、私は大阪へ来てラジオ製作の仕事をすることになったが、主人は東京で相変わらず細々と自在掛などの仕事をされていた。

奥さんにも死別され、弟子も二人だけであった。

私は上京して無理に口説いて大阪の私の家に伴って帰った。

主人は何かと遠慮されるので、仕事好きの主人に簡単な仕事を手伝ってもらった。酒の好きな方で、全く酒には目がなかった。

そのうちに軽い中気にかかって起居が不自由になってしまわれた。

私は東京で主人の女中をしていた方に来て頂いて、主人のお世話をしてもらいまた何かと手を施したが二年十ヵ月わずらって亡くなられた。

昭和十一年（一九三六）のことである。

当時すでに株式会社の組織になっていたので重役にはかり、社葬として全従業員、取引関係、知人その他の人々の参列を得て故人の葬儀を執行した。

葬いのあと、主人の菩提寺である東京の東覚寺へ改めて納骨をしたのであった。

私はいつの時代でも報恩の気持、感謝する心は忘れてはならないと思う。

感謝の気持を実行にうつす時、実に何ともいえぬすがすがしい幸福感にひたることが出来るのである。

平素が大事な奉仕の心

かつてＮＨＫラジオの「人生読本」の時間に〝奉仕の心〟という題で三日間放送をしたことがある。

しばらくたつと聴取者の方から放送についての感想がどっさり舞い込んできた。

私の講演は原稿なしのブッツケ本番、それに話だって決してうまいというのでもない。ただ「真実はあらゆる雄弁に勝つ」というか、奉仕の心を四六時中、機会あるごとに実行しているから、おそらくあるがままの事実が聴取者の共感をよんだのではないかと思っている。

その手紙の一つに北陸地方の病中の女性の人からのものがあった。

ふだん健康だった時には私事に明けくれ奉仕など考えてもみなかったが、今病中なるが故にあなたの奉仕の精神にふれることができ、まずこの幸に感謝したいと述べ、次にあなたの書いた本が読みたくなり北陸にあるシャープの支店に電話をかけたところ応待に出た若い人が、これまた懇切丁寧に返事をしてくれて気持がよかった。

あなたの奉仕の心が若い人にもピンと通っているのに違いない、といって喜んで手紙をくれたわけである。

もし、ここで電話に答えた若い人がいい加減な返事をしていたらどうなっていたか。悪くすれば、私の奉仕の心など逆に「百日の説法」に終わっていただろう。

平素のわれわれのお客に対するちょっとした言動がどんなに大切なものか今更ながら考えさせられたのである。

スイスで見た福祉事業

かつて商用のため欧州を旅行したときのことである。

スイスのホテルで食事中一本の長いフォークが目についた。

私は職人だったので細工物になるとすぐ目がつくのである。

柄は檜によく似た光沢とやわらかさがあって木目がきれいに浮き出ており、先はステンレスの平凡なものである。

しかし細工がいかにも巧みで非凡であった。

翌日、私は娘をつれて民芸品などを扱っている土産物屋に入った。

すると例のフォークが陳列してあったのである。

旅行者にはまとめて買うと割引してくれるのが慣わしであるから、娘にいくらか値引きしてくれるよう交渉させた。するど売り子が

「まことに気の毒であるがあれをみてほしい」

と彼女は壁にかかっている口上めいたものを指さした。それには
「この売店の品物はすべて国の身体障害者たちの作ったものであるから、彼らの生活を守るため、どうか精一ぱい援助を惜しまないでいただきたい」

という意味のことが英文でかかれてあった。

私達は愕然とした。

それで私は娘に次のことを伝えさせた。

「知らないこととはいいながらまことに心ないことをいって申し訳ない。身体障害者の問題については私もいささか関係をもっており、今回の旅行もその方面の調査をすることを含んでいる。そういう店ならばもっと他の品も買いそえたい」

諸外国では身体障害者の福祉事業が実に徹底していることを見聞したが、スイスでも国家がいろいろと技術を生かすように便宜を与えていることを実に羨ましく思い、日本にもこの種の店が出来ることを願った。

私の宗教

私はいろんな機会にいろんな方々から何か特定の宗教を信じているかとか、神や仏はこの世にあると思うかなどと聞かれることがよくある。

私は信仰する定まった宗教はもっていないが、宗教そのものを決して批判もしない。いろんな宗教団体から招かれて講演会にいって話をすることもたびたびある。

宗教は特殊なものを除き、その教える道は立派なことであり、いいことである。信じている人には悪人はいないように思う。

そこで宗派を聞かれたとき、私どもの製造している商品は宗派に関係なく買ってもらいたいので、私は無宗教ではなく全宗教に属していると冗談めいた答え方をしている。

宗教について何ら勉強もしていないので、間違っているかも知れないが、要するに宗教とは人間の心のよりどころであると解釈している。

特定の宗教を信じないが、神や、仏はこの世に存在すると信じている。目には見えないが確かにあるように感じるのである。

したがって人に神の存在を聞かれたとき「目に見えないから、ないかも知れないが、ないと片づけてしまうより、あると考えた方が幸せである」と答えている。

ある雑誌のインタビューで事業と宗教について質問を受けたことがある。事業と宗教とは別のものであるが、両者とも人々の幸せを願い、少しでも多くの人に喜びを分けようとする根本的な心には相通ずるものがあると答えた。

製造家である私ならいい製品を安い価格で作って、消費者に喜んで頂く。それが事業を繁栄に導くのであり、従業員、仕入先、得意先の幸せにつながっていくのである。

つまり宗教的な考えで経営するということは、常に奉仕の心と分ける心をもって経営するということである。

奉仕の心、分ける心のない経営には永続的な事業の繁栄はないと考えるのである。

いわば私の宗教は事業的宗教といえるのではないか。

結局は自分のため

東京から大阪へ移ってきて一番最初に借りたのが阪堺線天神の森近くの二階建ての一軒である。

ここを足溜りにして再起の場所を物色していたが、半年を経ずして、現在本社がある西田辺に土地を借り受けることができた。

大阪生活の第一歩を踏み出した思い出の家をあとにするに際し、旧従業員の若い者達と住居の内外は申すに及ばず、床下まできれいに掃除して、次に借る人がすぐ住めるようにして移った。

ところが家主は「今まで多くの人に家を貸したが、宿替えして行くのにこんなにあとをきれいにして発つ人ははじめてだ」とよほど好感をもったのか、後日、移転先の私の宅へお礼のしるしにと一幅の掛軸を持ってあいさつにきた。

私達は当然なすべきことをしたまでであるが、どこででもいい印象を残しておくことは、自身はもとより他の人々も、ともに気持ちのいいものであると感じたのである。

それにつけて最近気になるのは、外出先での道徳の欠如である。

私がかつて訪米の際、アメリカの知人と車で旅行したが、ある辺鄙《へんぴ》な山中にはいったところ、そこには休憩施設があり、随時炊事が出来るようになっていた。

誰もいないが、内部が実にきちんと整頓され、燃料の薪まで積んであったのには驚いた。管理する人がいないので、ここを訪れる各自が管理するとの事で、利用者は食事をすますと、次に訪れる人のために清掃して、付近から薪をひろい集めて補充して行くのである。

わが国では観光地を訪れると楽しんだあとの残骸をそのままにして去る人が多い。各自のちょっとした当然の行為があとに来る人にもよい気持ちを与えることを考えてほしいものだと思うのである。

人のために、人のことを考えて行動するといずれ自身にも戻ってくる。結局は自分のためにするのだといってよいのではなかろうか。

身障者に適正な仕事を

世の中には不幸な人たちがたしかに多い。

しかし、不幸だからといって世を恨んだり、生きる希望を失ってはそれこそほんとうにその人自身を不幸にしてしまう。

昭和四十三年（一九六八）八十一歳で亡くなられた大石順教尼は十七歳のかがやかしい青春の日に両腕を切られてしまった。

その悲惨なすがた、両手のない不自由さは想像にあまりがある。

順教尼は籠の中のカナリヤが口でもって諸事をやってのけるのを知り、手に代る口でわれとわが身を立てようと覚悟をきめたときいている。

彼女は

「もし私に手が満足にあったら、決して今日のような幸せな生活にめぐり会わなかったでしょう」とよく私に語ったが、この一言一句に禍を福に転じた人の自信と、明るい安らぎが感じられるのである。

私は大阪府の（社）大阪府心身障害者雇用促進協会の会長を昭和二十四年（一九四九）創設以来つとめ、また昭和三十七年（一九六二）以降は市の（財）大阪養護教育振興会の会長に就任するなどいろいろな社会福祉団体の役員として非力ながらお手伝いさせてもらっている。

その私の体験からみて身体障害者には適材適所さえ配慮すれば、決して普通の人の能力とかわりがないのである。

そこで世の事業主に望みたいことは、人手がないからとか、かわいそうだから身障者でも雇うといった態度でなく、もっと積極的に雇い、適正な仕事をあたえ決して差別的な扱いをしないようにお願いしたいのである。

一方、身障者の皆さんも引っ込んでおらず仕事をもって自力更生することが、幸せの道であることをさとってほしいのである。

その二、実行

身障者の工場
―早川特選金属工場〈現シャープ特選工業株式会社〉―

身体障害者による早川特選金属工場について紹介したい。

本社の近くにライト・ハウスという社会福祉の事業館があった。

戦時下ここで二日間、視覚障害者のために電気についての講習をやったが、この時岩橋館長と相談しここを改造して失明軍人（戦傷で目に障害を受けた軍人）のために早川分工場としたのがはじまりである。

なにぶん視覚障害者のことであるから、指導は容易ではなかったが、真心をもって世話すれば必ずこの人達は再起できるというこちらの気持ちと、視覚障害者のやれるという気持ちが一致して、ここに忍耐強い長い期間がすんで、作業は緒につくことになった。

終戦後、ライト・ハウスの事業が旧に復するとともに、作業を身につけた視覚障害者たちは、そのまま工場に残ったが、私はこれらの人達の将来を考えて、特選金属工場と名づけて新会社を創立させた。

独立採算制をとって経営していくについても、その中心となる人達の八名までが目の不自由な人達である。

これらの人達でうまく運営できるだろうかという杞憂《きゆう》も、やがて完全にぬぐい去られて、現在では家を建て、土地を持っている人もあり、当社の協力工場としてなおここから外注もやっているまでになっている。

月に三千万円余りの仕事をし、従業員が七十数人働いており、この半数以上が身体に障害をもつ人達である。

私が嬉しく思うのは、その工場の代表者は視力が全くない方で、経営者連がやはり視力障害者であるのに、多くの障害者を雇い、健全な経営をしていることだ。

この工場は身障者の一つのモデル工場として再三にわたってテレビ、ラジオ等で報道もされている。

何ごともやればできるのであり、指導者はできるようにしむけることである。一つでも多くこの種の工場が出来て、身障者の社会復帰をはかって頂きたいと願っている。

嬉し涙が見える

奈良の壷阪寺に目が不自由で身寄りのないお年寄りのホーム「慈母園」がある。これは友人の黒川幸七さん（故人）杉道助さん（故人）や近鉄社長の故佐伯さん等と共にお世話をして、住職である常盤勝憲氏が昭和三十六年にわが国で初めて建てられたものである。

特に私は目の不自由な人と幼いときから因縁があり住職とも親しい関係から、ホームの開設以来ずっと毎年五月にここを訪れている。

この慰問には親しい人や、名の知れた芸能人にも参加していただき、ホームのお年寄りとの交友が七年間続いている。

最初は早川への義理から行ってくれた人が次の年には、早くから同行をせがむほど、この壷阪参りは人気が良い。

参加者の各々が、鈴つきのうちわ、中古の三味線、お菓子……といった具合に思い思いの気のきいた慰問品をもち、披露する芸をもって訪れるのである。

自然の景観の中で仕事から開放されて、目の不自由な人達の中に自分も加わって一日ともに遊ばせてもらう……これが私の慰問の心構えである。

回を重ねるごとに薄倖《はっこう》な目の不自由なお年寄りに私達の気持が理解されていったのか、その中のお一人が私達に述べてくれた謝辞の中に心に食い入るような感動を覚えた言葉があった。

「私共は目が見えないが、皆さまの声を聞き、頂く品物に手を触れてみて、細かく心を用いて下さる様子がありありと心の目にうつってくるのです。皆さまが、こうして私達のつどいの中に自然に入って一緒にひとときを送って下さるのを声で聞き、肌でしみじみと感じます。とかくひがみっぽい私達にとっては嬉しくて嬉しくて自分の頬につたわる嬉し涙が見えるようです……」

私のささやかな奉仕をとても喜んでくれる百余名の失明された老人と友達になれた幸せを、私は広く世の方々に話しかけたいのである。

そしてこの目の不自由なお年寄りの方々が、障害のために果し得なかった社会への奉仕を、自分が出来る範囲でさせて頂こうと思うのである。

まず近隣愛を

──育徳園保育所──

昭和二十七年（一九五二）私は社用を兼ねて渡米した際、米国の社会福祉が我国のそれと比較して高度であることを感じ、帰国後本社近くに早速保育所の建設にとりかかり昭和二十九年（一九五四）の春、育徳園保育所（社会福祉法人）開所した。

幼いころ家庭的に不遇であった自分をかえりみて、まず近隣を愛する見地から本社周辺の片親だけの子、両親とも働きに出ている家庭の子どもなどに遊び場、保育の場を与えて少しでも幸せにしてあげたいと考えたからである。

現在も満二歳から学齢期までの幼い子どもたち百数十人が、朝九時から夕刻までここにやって来て嬉々としてすごしている。園長としての私はむろん報酬をもらっているわけではない。不足入費は一切自分で持ち、いい教育をしていこう、いい思い出を残してやりたいと思ってやっている。

早いもので今年（昭和四十四年）でもう十五年になり、その間ここを出た子で、大学へいっているのもいるし、嬉しいことには今春より当園に保育士として、また事務員として手伝ってくれているのもいる。他にも卒園生の中に、自分たちの受けた幸せを分けるべく、社会奉仕をするものが出て来ており、わが意を得たりと喜んでいる。

当園の最も自慢し得ることは、ここを巣立っていった子どもたちが大きくなっても園を忘れずに先生を慕って集って来てくれることだ。もちつき会をすると言えば高校生が来て手伝ってくれるのである。卒園生でつくっているひまわり会、若竹会、そして保護者の間で十一年前につくられた若葉会、いずれの会も園を中心に有意義な行事で心のつながりをしっかりと保っていってくれていることは、実にありがたいことである。

多忙な私は園長でありながら、時々しか園を訪れることが出来ない。しかし幸い開園当初から手伝ってくれている誇りにすべき二人の女の先生を中心に、職員十人全体が力を合わせて、子どもの保育に当ってくれているので安心してまかせている。

私のささやかな希望は、ここの子どもたちが成人して、いつかどこかで、育徳園というところで小さな近隣愛の実践奉仕がなされたことを思い出して、隣人には常にやさしく、世の中を少しでも明るくするよう努力してくれることである。

ニコニコ函

会社の私の部屋の一隅に、ニコニコ函と名付けたアルミの小箱が置いてあるが、私は他から頼まれてする講演の謝礼や、稿料、交通費等社外で得た所得のすべてをこの小箱に入れておく。

こうしてこの小箱にたまったお金は、随時社会福祉事業に有効に活用されている。

私は二十年来続けているが、いつかどこかでこのことを知った方々が共鳴されて、不幸な方へ何かの足しにと匿名で、私宛にお金を送ってこられる方がふえて来た。

かくれた善意の箱はこうして次第に世間に知られるとともに膨れあがっていったが、なかでも不意の金がはいったからと、百万円持って来られた方がいる。

そしてこれを北海道で使ってほしいというのである。

私は道庁を通じてこれを高級トランジスターラジオ二百台にして贈ったところ、贈られた無灯の寒村地帯の人々は、娯楽に恵まれないばかりか、ラジオを聞いたことがなかったので、この贈り物に大変驚いた様子だった。

しかし驚いたのはむしろこちらの方で、まだこんな町や村がわが国にあるのかとビックリしたものだ。

そこでお手伝いできた私も幸せだが、奉仕されたあなたこそほんとうに幸せだと申し上げたのである。

間もなくこんな便利なものがあるのかと、驚きと喜びを含めた礼状が五十通余送られて来たが、なかには貧しい中に作った小豆や、自作の彫刻を送ってこられたのもあった。

その喜びと感激が私には目に見えるようであった。

私は、礼状を頂いた方々全員に自伝の『私と事業』の本と年末には金一封をお届けしたが、こうしたことは自分がやったのではなく、私に共鳴して下さる方々の奉仕の戻りであると思っている。

奉仕のもどり

大阪北の新地に一代さん、一葉さんという老妓がいた。市から芸妓として前例のないといわれる表彰も受けたという大阪でも数少ない芸達者な人で、しっかりした家庭をもっている人たちである。

この二人には財界人の集まりや小唄の会などでお目にかかるが、ある会合のとき私は二人から「何かわたしたちで奉仕をしたいのですが、どこにどうやってしたらいいか、いい考えがあれば教えていただきたい」と相談を受けた。

それでは手近に、私の経営する育徳園保育所があるから、そこへ園児の数だけ何かいただきたいといったところ、クリスマスの前日、大きなパッキングケースを二個私の宅へ届けてきた。

私は早速、老妓に電話して、送りっ放しでは奉仕の心が欠けるので園児に一つひとつ渡してやってほしいと頼んだ。

クリスマス当日、育徳園にやってきた二人は、園児の一人ひとりにそのプレゼントを渡しながら、園児たちの喜ぶ様子を見て涙をポロポロ流していた。なぜそんなに悲しいのかとたずねたら、こんなに感激したことは生れてはじめてだというのである。

若いころから芸一筋に生きて、花街以外あまり一般社会の風に触れてない二人にとって、初めての経験であるこの奉仕の喜びが、こんなにもジーンと胸にせまってくるものかと思ったのであろう。

私も二人の自然に出る涙がわかるような気がした。

二人は、その夜もお座敷へ出たが、昼間の感激をじっと胸にしまっておくことができず、お客に話したところ、お客も感激して二人は一万円ずつもらったとのことである。

私はその話を聞いて、求めずして行なった奉仕には、必ず何らかの戻りがあるという私の持論に一層確信をもった。

たとえ物質的な戻りがなくても、奉仕のあとのすがすがしい気分にひたれるのも、やはり戻りの一つと私は考える。この二人の奉仕は、六年もつづいている。

身障者のクラブ

―早川福祉会館―

シャープ本社の西田辺から東へ歩いて五分ほど行くと、大阪市立早川福祉会館がある。私が私財七千万円を市へ寄託して建設してもらったもので、身体障害者を中心に利用できるようになっている。

金持ちのクラブは市内にいくつもあるが、恵まれない人々が利用しうるクラブがないので、今日幸せになった私の社会に対する恩返しの一つとして寄付させてもらったのである。また世の中の不幸な人が、この憩いの場を得ることによって、少しでも世間が明るくなることは、ひいては自分が幸福になれるという考えからである。

この会館は鉄筋地上三階地下一階の建物で、身体障害者、老人、未亡人の方々のための厚生施設と点字図書室、更に小中学生のカギッ子達が利用できる図書室、三百人を収容できるホールなどがあり、施設の使用料は一切無料である。

完成したのは昭和三十七年（一九六二）の九月。

会館には館長のほか市の職員数名がいて管理されている。

なおここにはもう一人嘱託として全国にも珍しい視覚障害者のケースワーカーがおられる。

ご自身が中途から失明されたのですが、視覚障害者の身上相談や就職相談となかなかの活動家である。

視覚障害者の将棋の会も毎月ここで行なわれている。

ここを利用される方は、身障者、老人、未亡人等であるが、一般社会人、学生、主婦などで奉仕活動をする人達も利用できるようになっている。

点字図書の作成、点訳グループの集いや社会福祉のための講習会、研究会と有効に利用されている。

こうして恵まれない障害をもった方が、少しでも障害が軽くなり、日々を楽しく送れるよう皆さんとともに今後も一層協力していきたいと願っている。

盲人さんの将棋

前ページに述べた大阪市立早川福祉会館内に大阪盲人将棋クラブ（当時）がある。将棋の好きな視覚障害者の方たちが集って昭和四十年（一九六五）に結成されたもので、ほとんどが視力が全くないマッサージ師で会員は現在女性三人を含み六十余名いる。

私はこの会員の名誉会長として、年に一回大会を主催するなど、わずかながらお手伝いさせてもらっている。

目の不自由な方の将棋のやり方は普通とかわらないが、お互いに目が見えないので「3六歩」などと、棋譜をいいながら盤上のコマを手さぐりで指す。コマの動きと手数が複雑なので、コマが隣のマスにいかないよう工夫してある。

私は二ミリのアルミ板を金型で打ち抜き、八十一のマスをつくりそれを普通の将棋盤と同じ大きさの板に釘で張り付ける考案をして、目の不自由な方の将棋会などに贈っている。

この視覚障害者用将棋盤には十四世木村名人より「不動盤」と名付けてもらった。不動盤とはコマが隣のマスに動かないことと、目の不自由な方は勝っていても負けていても、いつも不動の姿勢で指すといったことからつけられたものである。

視覚障害者の団体でこの将棋盤を、入用の場合はいつでも送れるように私のもとに用意している。

目の不自由な方の将棋会も日本将棋連盟の灘、熊谷両八段、野村六段といった専門棋士の指導を得て、年々盛んになり実力もあがってきたので、灘、熊谷両八段を通じて大山名人にお願いし、将棋連盟から正式に初段の免状が現在までに七人に無料で贈られている。この七人は実力、初段以上ということである。

趣味とはいえ、目の不自由な方が複雑なコマを器用に運び、しかも将棋好きの一般の人をも負かすのである。

何事もやればできるという立派な努力の見本であろう。

女中さんの浄財

私の会社のカラーテレビ工場が栃木県にある。その工場を視察したときの話である。那須のホテルに泊ったのだが、不意にそのホテルの女中さんが私の部屋にやってきて一通の封筒を手渡すのである。

封を切ってみると、宿の便箋にほんの一行

「少ないのですが、身体障害者のためにお使い下さい」

としたため現金三千円が添えてあった。

私にははじめて泊ったホテルである。もちろんその女中さんには一面識もない。

一瞬、私は感激と驚きで、すぐには言葉も出なかった。

やがて話をきいてみると、その女中さんは以前から私の書いた本などで、身体障害者にいささかの奉仕をしていることを知っていて、丁度泊ったのを機会に浄財を託したというわけである。

まことに尊い志といわねばならぬ。

そこで私は「私に寄託されたのはありがたいことであるが、奉仕する歓びをぜひあなた自身で味わっていただきたい」

とさきほどの三千円に、私の手持ち現金いくばくかを足し、改めて女中さんにあずけたのである。

翌日、私は実に晴々とした気持ちで宿をたち大阪に帰ってきたのであった。

旬日の後、その女中さんから手紙がきた。

「あの時のお金を宇都宮の若草学園に寄付してきました。あんなお金でもあれほど喜んで下さった園長さんの顔が私の目には痛いほど焼きついています。私がいった時、子どもたちは不自由なからだを動かして花壇作りをしていました」

とあり、最後に「もっと積極的に協力していきたいと思います」と結んであった。まことに心が楽しくなる便りであった。

先人への感謝

近頃は世相の関係もあるが目先だけのことしか考えないことが多くなってきているように思う。

それにつれてすべて感謝する心が薄れているようで、ことに若い人々には、先祖や先人のたどった道への感謝や、敬うことも忘れ勝ちのようだ。

さて、当社は創業五十周年を記念して昭和三十七年（一九六二）に高野山へ物故社員の供養廟を建てた。

以来私は毎年八月、遺族の方々、会社の関係者とともに供養会式に参列し、新仏を合わせまつり、法要をいとなんできているが、すでに百六十四（昭和四十四年現在）の物故者がここにまつられている。

これら故人はすべて、これまでに当社の経営に参加していただいた方々である。

当社の廟ができた当初はこのあたり一面野草に埋まり何一つなかった。ところが今日では墓、墓、墓で、住職の話によるとわが廟建立がきっかけとなって、墓建立の希望者が急にふえたということだ。

ここはかつては奥の院への裏参道だったのが、このため今では反対に表参道になり当社の廟は参道の名物の一つになっている。

参拝の人たちの中にはいい意味の会社のPRの役目を果たしているという人がいるというが、無論私たちは物故社員の霊安かれと念じ、残してくれた先人の実績に感謝しつつきずいたものである。

このわれわれの気持ちは、近くに著しくふえた墓を建てられた方々にもよくわかっていただけると思う。

土地の面目を一新した廟を早く建立したことがよかったと改めて思う近ごろ、若い人たちも先人の霊に感謝する気持ちをもっていただきたいと思うのである。

第五章　育てる

新入社員に訓示する著者

役に立つ人間

私は社是の一つとして人材の蓄積ということをあげている。

ところが役に立つ人間、つまり人材を蓄積するということが、どうかすると秀才集めと混同される場合がある。

学校時代の在学成績が優秀だからとか、あるいは有名校出身だからということで世間は秀才のレッテルを貼り勝ちである。

俗に頭がいいということも、秀才の部類にはいるかも知れない。

しかし現実の事業においては、秀才必ずしも人材とは一致しない場合を往々にしてみかける。

私のいう人材の蓄積とは、決して秀才集めではないのである。むろん頭のいい秀才に越したことはない。

しかし、事業に実際にたずさわっているうちに、いわゆるものの役に立つ人間を現場でつくり上げていく。

会社に相応する各層の精鋭たる持駒をできるだけ数多く揃える。これがいわゆる私の人材の蓄積なのである。

昔の秀才がやがて凡才となる例が多い。

学問を実際の社会生活に活用できない人、それをふんで人間形成ができない人、こんな秀才は何んの価値ももたない。

だが、一口に人材を蓄積するといってもそう簡単ではない。「勇将のもとに弱卒なし」ということわざがある。

大将が秀れておれば、部下は弱虫が一人もいなくなるというのだ。まず経営者たる自分が燃えなければ、社員の心に火をつけることは難しい。

己の人間すらつくり得ないで何で他人をこちらになびかせることができようか。

躾《しつけ》

古い時代の猛獣訓練は人間の威厳を示すムチで彼らを畏服させるようにしたというが、現在では愛情をもとにして彼らがなつくように仕向けるのだそうである。

動物訓練にして然りである。

ましてやわれわれが他人を導く場合には、この愛情による効果がいかに大きいかはかり知れないものがあるといえよう。

私がまだ五、六歳の頃だったろうか。

深川の養家にいた時分の話である。深川は木場どころで堀割には材木が浮かべてあり、私たちはよくその丸太から丸太へ、とび移っては遊んだものである。

一つ足をすべらせると泳げないのだから、命にもかかわるので養家の父から「よせよせ」と何度もとめられていたのであるが、つい面白いままその遊びを続けていた。

ところがある日、通りかかった父親に現場をみつけられてしまった。すると父はいきなり綱で私の両手をしばりザブンと堀割の中に突き落したのである。

泳げないところへ両手が利かないものだからアップ、アップと僅かに両足を動かすだけであった。

やがて私を引き上げた父は、濡れた着物をしぼってくれながら泣いている私に、堀割に落ちた時の危ないことを改めてこんこんとさとしてくれた。

それ以後私はプッツリと堀割での遊びをやめたのであった。

私はこの一見ひどい仕打ちのような養父のしつけの中に、私の生命の危険を案じてくれた大きな愛情というものを、あとになって理解することができたのである。

不用意に感情に左右された鞭であった時、猛獣ではないが機をみて牙をむくこともありかねない。

それは畏服させることはできても、導くことにおいては完全な敗北といわれよう。

しつけとは、愛情のこもった美しい心のあらわれたものでありたいものである。

学ぶ姿勢

将棋の大山名人にきいた話である。

ながい間、木見八段の家で内弟子として修業していたが、その間盤に向って教えてもらったことはたった一ぺんだけだったそうである。

「上手になりたかったらいろんな人の対局の棋譜を書け」

というのが師匠の木見八段のことばだったという。

他人の棋譜を書いているうちに自ら工夫し、体得するということであろう。

また清元志寿太夫が、漂の家で風呂番をしていたとき、風呂の薪をくべながら、座敷で師匠が弟子につけている稽古をじっときいていた。

この人は元来弟子として入ったわけではなく、使いはしりの男衆として住み込んだのであるが、清元が好きだったので、熱心に師匠のふしまわしを働きながら聴いていたのだった。

ところがある日、一節を口ずさんでいたのを師匠がきき、あまり上手なので正式に弟子として取立てられ遂に人間国宝にまでなったのである。

学問にしても仕事にしても、また芸事でもすべて道は一つである。

何んでもかんでも教えてもらう、教えるのが当り前だという態度ではかえって依頼心がおき上達しない。

ある程度上達しても、これでは師匠以上になることは不可能である。

物事を教えてもらおうと思えば、自分から進んで究めようという姿勢が何よりも大切ではないかと思う。

私も元来少年時代より、ものを考案研究することが、好きだったが好きばかりでは道はひらけず、やはりさきのような心構えがあったのでよかったのだと考える。

〝次〟をつくる心がけ

企業のトップにある者は、いつでも後継者にバトンをゆずれるような体制をつくっておかなければならない。

企業の経営に支障をきたすことは、自分の企業の社員のみならず社員の家族、取引先、更には一般社会に大きな迷惑をかけることになる。

だから長たる者は、常に自分以上の人材を育てるように心がけることを忘れてはならない。

重役は次の重役をつくることを考え、部長は次の部長を育て、課長は次の課長を養成する心がまえが必要なのである。

自分に与えられた現在の仕事を全うすることは勿論大切なことであるが、コツコツと後継者をつくることも将来において必ず役立つ大事な仕事である。

これは企業だけに限ったことではない。政治においても、一般家庭においても同様必要なことではないかと思う。

また、商品においても同じことが言える。

一つ新しい商品を創出して、それが売れて成功すると、それにいつまでもおぶさり、甘えていてはいけない。

すぐにより優れたものに改良するなり、新しい次の商品を考えるなりしなければ、いずれ経営に行きづまる恐れがある。

私は常に「商品は他がまねしてくれる商品でなければならない」と言っている。他がまねてくれる商品は、需要家が望む良い商品、つまり売れる商品なのである。

だからいつも他がまねてくれるような商品を出すよう心がけていれば、企業は安定して成長して行くと思うのである。

人材の場合も、商品の場合も、次をつくる心がけが肝要で、この心がけが企業経営を長く続かす基礎となるのではないかと考える。

叱ることと怒ること

まだ若い頃、私は会社でよく人を叱った記憶がある。雷が落ちるといわれ、あたりに人が寄れないくらいひどかったようである。しかしそれも今は遠い昔のこととなった。

私は叱ることで得るところは何もないことがわかったから、それをやめてしまったのである。むろん人に注意することはある。

しかし注意することは相手に対して好意をもっていることなので、叱ることとは少し異なっている。

叱る中にはすでに感情が加わってきているのである。

こんなことをいうと何かと批判のおことばがありそうだが、現在の私にはそういう風にしかできないのだから何んといわれてもやむを得まい。

叱るべき場合には当然叱責せよ、という人もいる。

しかし叱った後に私は自分自身の心の平静さが保証できないから、叱るべき場合にも静かに注意だけにとどめて、相手の納得できるようにもっていくようにしている。くどくはいわなくても、それで十分わかってくれると思うからである。

私はいつも自分の心の平静さを保っていたいのである。

自分が心の平静さを欠きながら、他人の行為にとやかくいっても効果のないことは明らかである。

愛情ある小言

話は少し古いが、関東大震災に遭遇しての暮、独身者ばかりの従業員十数名とともに、大阪へ移って来てまる一年目、大阪府東成郡猿山村字田辺と呼ばれる辺鄙な土地に「早川金属工業研究所」の看板を掲げて再起の一歩をふみ出した（現シャープ本社所在地）。

あたりは水田がはるかにつづき、空からはひばりがさえずるというのどかさで、あちこちに村童の遊ぶのが見られた。

私は自分の工場を大きくすることによって、不便なこの地を発展させて見せるという抱負と、遊んでいる村童たちが成人して私の工場に来て事業に協力してくれるに違いないという将来の夢を描いたのである。

だから土地の不便さはさほど苦にしなかった。

ある日、私と行をともにした若い者三人が仕事を終えて、はるか離れた風呂屋へいっての帰りのことである。

しるこ屋へ入ってそこの女の子に何かと話しかけていたところ、そばにいた土地の若い客が生意気だと、外に呼び出し喧嘩をおっ始めた。何分十七歳という血の気の多い年頃の上に江戸ッ子弁でペラペラやったのがどうもカンにさわったらしい。

どうやらその場はおさまったものの、これを知った私は、これから一旗挙げようという矢先、これでは統制がとれないと考えた。

そこで非常に研究熱心で望みを托していた若者だったが、泣いて馬謖《ばしょく》を斬る思いで、その行動を戒め東京へ帰るようにいった。

ところが三人とも感じるところがあったのか、その非を認め、私のもとで頑張ることを誓い合った。

これが一時の感情で頭ごなしに怒鳴ったらどうだろう。きっと三人は悪感情のまま飛び出したと思われる。

私は前に叱ることについていったが、たとえ非があってもそれを見極めた上、情愛をこめて向えば必ず相手に通じ、冷静になって反省するものである。

経営者と社員のつながり

大阪で再起の第一歩を踏み出して数年たち、新しく始めたラジオの仕事もようやく軌道に乗り出したころである。

前ページに述べたように東京から一緒に来てくれた弟子達の中に同じ年齢の三人の若者がいた。

大阪へ来た当時十七、八歳だった彼等は、いつのまにか立派な青年に成長して、嫁をもらうことになった。

私は早速三人にモーニングを誂えてやり、当時新しく出来た甲子園ホテルで三組合同の結婚披露を催してやった。彼等は大変喜んでくれたし、私にも実にうれしいことであった。

現在この三人仲間のうち二人は既に故人となってしまい何とも淋しいことであるが、ともに最後まで私のもとにいて事業をもりたて、苦楽をともにしてくれた。残っている一人も今なお会社にあって重責をになって勤めてくれており、私の日常生活にも何かと心をくだいてくれている。

また今は故人となってしまった旧社員の二代目が私の会社につとめ、或いは仕事を手伝ってくれている。このことは、私にとってはもちろん、会社にとっても実に有難いことだと嬉しく思っている。

企業が大きくなるに従って経営者と従業員とのつながりが、直接でなくなり、心のふれ合いが疎遠になりがちとなる。折を見ては努めて心のつながりをもつよう心がけたいと考えているわけだ。

昨今若年労働者が不足し、どこの会社でも頭のいたいことであるがせっかく得た人材が離れて行かないようにすることが、人材を新たに確保するのと同様大切なことではないだろうか。

得た人材を一時の感情でしかりとばして本人の心を傷つけ辞めさせてしまってはいけない。

愛情をもって社員に接し、教育し、育てていってこそ会社にとって必要な人材が蓄積されて行くものと考えるのである。

まず己を正す

事業は人なりである。

いい人材を多く蓄積している会社は必ず伸びていくものである。

そこでいい人材とは何か、ということになるが、私は信用のおける人、責任をはたす人、そして世の中にあって有用な人を指すものと考えている。

この人材を社内で蓄積することは無論のことであるが、私はそれだけでなく、もっと広く対外的にこれを求めたいと考えているのである。

ただし、対外から自分のところに招聘《しょうへい》するというのではない。

つまり友人に、あるいは取引先に、そして先輩、後輩に一人でも多くの人材をもちたいのである。

しかし、問題はいかにしてこの人材を蓄積するかである。

居座っていて人材を求めることは不可能である。

優秀な社員をつくり出すためには、まず経営者が自分の姿勢を正すということをもってはじめなければならない。

己を磨き、人間完成の世界にすこしでもつとめて精進する、そしてそれがいくらかでもかなう時に、期せずしてよき人とのつながりができてくる。

つながりのできることは、すなわち人材を呼ぶことにほかならない。

よき人の周囲に、よき人材の蝟集《いしゅう》することは洋の東西を問わず時代のどの歴史をみてもよくこれを証している。

なかなかむずかしいことである。

むずかしいことではあるが、ぜひやりたい。

何とかして自己を養いたい。

このことが私の念頭をいつも離れぬのである。

人材は社内でつくれ

ある中小企業主からこんな問い合わせがあった。

「あなたのいうように、たしかに事業は人である。しかし、われわれのような中小企業には、なかなか人材が来てくれない。いったいどうしたらいいのか」

というのである。

大企業にばかり人材が集中し、中小企業にはさっぱり集まらないという声は、この人ばかりでなく、よくきくところである。

おそらく大方の中小商工業者の皆さんが悩んでおられることだろう。

だが、私とても、どうしたらいいかと問われて即座に求人難を解消する名案を持ち合わせているわけではない。

しかし、人が集まらないと不服をいうより前に、まず社内でいい人をこしらえる努力をすることが大切であると思うのである。

もっとも口でいうのは至極簡単だが、実際には養成といい、育成といってもなかなかむずかしいことである。

さればといって放任しておけば後退あるのみで、いまいる人まで離れていくことになりかねない。

周囲のものがやめていくと残っている社員も仕事にハリがなくなり、ひいては全体の能率にも大きくひびくということになるものだ。

したがって現在働いている人を離さないで、しかも育成していくことがきわめて大事な仕事なのである。

そのためには私のいつもいう分配の理念をもって人を信頼していくことであろう。

おやじさんだけが儲けるというやり方ではもう人はついてこないのである。

愛情をもって人を信頼するということは、つまり人材を蓄積することにもなると私は考えている。

物を大切に扱う

物をどんどん使い捨てることが最近では常識だということをきいたことがある。物にはすべて寿命があるのだから使えなくなったら捨てることもいい。しかし、まだ使用に耐えるものまで捨てるのは全くの浪費といってよい。

話は違うが、私の方の下請工場で三十数年間続いているのがある。すでに先代は亡くなっているのだが、この工場ができたころ私は一度訪れたことがある。そのころはまだ小さい工場だったが備え付けてある機械をみて驚いた。というのはどの機械もまるでナメたようにピカピカに光っており、おそろしく手入れが行き届いているのだ。

きいてみるとオヤジさんが工場の道具、機械を非常に大切に扱い、仕事が終わったらきれいに掃除し、磨き上げるのだそうである。

私は「これだけ機械を大切にする工場なら、取り引きしても決して粗末な部品を作らないだろう」

とその時心を打たれたのである。

当初数人の従業員しかいなかったその工場も、だんだんと人が増え今では数百人になって成功している。

機械のような物をいわないものにも生命はある。

大切にされれば大切にしてくれる。

手入れをすればそれだけ長寿をして働いてくれるのである。

いまの若い人にこんなことをいうと笑うかもしれないが、自分がご飯をいただいている機械や道具を浪費せず、感謝して大事にする人はたいがい成功している。

ものは言いよう

日常生活における人と人とのつながりで、思いやりということが大変必要なことは言うまでもないが、その思いやりを相手に的確に伝えるのは、ことばの表現にあると思う。

お手伝さんが、私の大切にしている茶碗をこわしたとき、「茶碗をこわしたね」とは言わない。「茶碗がこわれたね」という。

「茶碗をこわしたね」といえば、相手をとがめることになり、そんな大切なものなら自分で片づければよいのに、と相手に反発する気持ちをおこさせる。

ところが「茶碗がこわれたね」といえば、自分が大事にしていたものを惜しむ気持ちを言っているだけで、だれを非難しているのでもない。

相手は〝すまなかった。今後は気をつけよう〟と反省してくれるかも知れない。

障子の破れに気付いた時も「だれか障子を破いたね」とは言わず、「障子が破れているね」と言う方が、気持よく張り替えてもらえると思う。

また、めったにないことだが運転手が思い違いして道を間違ったりした時など、小言を言ったりしないことである。

余計な小言を言ったために運転手をイライラさせ、事故を起こしたりしたら大変である。ここにも思いやりのある注意は必要だが、小言など言わない方が得であると思うのである。

われわれが日常、ひょっと口をついて出る言葉が、相手を反発させるか反省させるかは、やはりその言い回しにある。

だれにも経験があると思うが、自分の言い方が悪いために、何でもない事柄から相手を怒らせ、相手も自分も不愉快な気分になることがある。

言葉とは非常に微妙なもので、相手の受けとり方をよく考えないと誤解を生むだけでなく、親切で言ったつもりが逆効果になったりする場合がある。

お互いに気をつけたいことである。

信じることと分けること

最近ある雑誌社から経営者の意識に関するアンケート調査を受け、その五項目の一つに「あなたの長所は」という質問があった。

私はその問いに対し〝人を信じることと人に分けること〟と答えた。

これは私の長所というよりモットーであるといった方が適切であるかも知れないが、いずれにせよこの二つの事柄は経営者あるいは人の上に立つ者が人を動かし企業や組織をリードしていく上で特に大切なことであると思うのである。

私の経験では人を信頼して失敗したことは殆どない。

たとえ裏切られても信頼して得られるものと比べれば失うものは微々たるものである。

人は信頼されればその殆どの者が信頼に応えようと努めるものである。信頼関係が確立している会社や職場は働きやすくモラルが高いことはいうまでもない。

最近特に人間性を重視する傾向にあるが、これからは自分の指揮命令の下で部下を単に手足として使うというやり方では人材の育成も蓄積も難しいのではないかと思うのである。

人を信じて責任を与えてまかせるには、勇気がいる。しかし社員のやる気や生き甲斐が信頼関係と大いに関係があることを念頭において人を使っていくべきである。

一方、経営者や幹部には分ける気持がなくてはいけないと思う。自分だけが儲けようとか自分の立身出世のみを考えているようでは会社は恐らく繁栄しないし、長続きしないであろう。

相手の利益、部下の向上を考える所に和が生まれ、良き心のつながりが保たれていくのである。〝企業は人なり〟いい古された言葉かも知れないが、常に意に留めておきたい言葉である。

第六章　創　意

シャープ総合開発センターの完成模型を前にして

太陽の利用を考えよう

われわれの電子工業界の進歩は全くおそろしいほどである。鉱石セットからはじまって三十数年するとトランジスタができてきた。進歩したなと思っていると、そのトランジスタの数百個分を一ミリ角の基盤に収めてしまう集積回路が開発され、トランジスタなど時代遅れになってしまいそうだ。テレビにしても絵がうつるなど想像もつかなかっただろう。それが今ではカラーまででる。これからどんなものがでるか予想するのも難しい。だが、将来の最大の課題は太陽の熱や光を蓄積保存することではないかと私は思っている。

生物はみんな太陽の恩恵をうけているが、電気は発電所からわざわざ引いてきている。頭の上に立派な熱や光があるのだから、これを利用することを考えねばウソだ。それが太陽電池なのである。

すでに当社でも昭和四十一年（一九六六）当時には、太陽電池による無人灯台や時計など実用できるものもできているし、ラジオぐらいなら鳴らすのは簡単である。

しかし今のところ材料が高くつくので、本格的な実用化はまだかなり遠い先であろう。風は貯めておけないけれども、熱や光は貯めることができる。熱や光を電気にかえて蓄電池に簡単に安価に貯めるような方法を考えればいい。

例えば各個人の屋根に装置を備えれば、電気の自給が出来るし、自動車の屋根にそれをはりつけて利用すればガソリンも不用で排気ガスの心配もない。

タダで無限にある太陽熱や太陽光線で電気をおこすことを工夫すれば、人類にどれだけ寄与するかはかり知れないものがある。

世界でもどんどん研究しているだろうから、時間の問題であり、おそらく二十年以内に実現するのではないだろうか。

模倣される商品をつくれ

一つの製品を開発して、商品として売り出すまでにはいろいろと苦労がある。ところが、それがいいとなると他社もまた同じようなものを売り出す。日本人は模倣がうまいといわれ、商業道徳上からみてこれを非難する人もいる。しかし、私は会社の研究部あたりには「他社が模倣するような商品をつくれ」というのである。

ということは、こちらで作ったものがいいから模倣されるので、逆にそういう商品でなければ売れないし発展しないと思うからである。

しかも自分だけの商品では発展させるには大変な費用もかかるし、時間もかかる。ところがマネをしてくれる人があると、自分のものとあわせて宣伝してくれる。すると自分の商品も今まで以上に売れるようになる。

模倣となると特許が一応さまたげになるが、特許でおさえたつもりでも、すき間がいくらでもあるものだ。

どうしても必要な部分だけ特許料を払えば大ていい簡単にマネられる。

マネが競争を生み、技術を上げ、社会の発展になっていく。

ただ先発メーカーは常にあとから追いかけられているわけだから、すぐ次を考えねばならぬし、勉強を怠ってはならない。

また一つが良いからといって現状に満足してはならない。

私の方で開発した電子式卓上計算機が今どんどん売れているが、これを手がける会社が現在二十社近くもある。

そうなるとこちらも元祖だからといってじっと構えておられない。更によりすぐれたものを研究することになるわけで、模倣されることも、結局は自分のところの発展に役立つと私は考えるのである。

自己啓発

錺屋《かざりや》に奉公していた時である。

私は九歳から十二歳まで三年の間（明治三十五年〜三十八年）、ワラに炭の粉をつけて金属を磨いてばかりいた。

明けても暮れても炭をウスでつき、粉にして磨くという仕事ばかりである。

たまりかねて、ある日主人に何かほかの仕事をやらせてほしいと頼んだところ、

「何にッ！炭をついちゃ他の仕事が覚えられない？ベラ棒め。門前の小僧習わぬ経を読むッてえこともあるんだ。てめえの心がけ一つでやろうと思えばできるんだ。第一心がけがよくねえや」

と怒鳴られ、それっきり何も教えてくれない。

子ども心にもその時考えたのである。

「よし、それなら自分で覚えてやろう」

こういうわけで先輩の職人たちのやる仕事をじっとみていて、次々に呼吸をのみこんでいったのである。

さてこうして腕があがると店の仕事のやり方についてもいろいろ批判的にみるようになってきた。

仕事場一つみても昔通りのしきたりですこぶる能率が悪い。

一例が道具とか型など職人たちは使ったままを、てんでに勝手なところに入れておく。だから次に新しい仕事にかかるとなると道具探しにムダな時間がとられる。

そこで私はまず仕事場の整頓ということを考えるようになった。

使いよく順序がいい、そして手間のかからない能率化をやるべきだ──と、これが後に私のマス・プロ（大量生産）のコンベア・システムに発展していったわけだ。

こういった小さなアイデア一つにしても、自分で工夫して覚えていると自然派生的に自得できるものである。

夢を見よう

「夢みたいなことをいう」ということばがある。

世間では半ば軽蔑の意味に用いられるようだ。

ところが私ぐらい夢ばかりみているものは少ないだろう。ふり返ってみると幼いときから常に新しい夢ばかり追っていた。

十七歳のときには早く独立して仕事をすることを夢みていた。

そして独立資金を得るためには、どんな商売がいいだろうかといろいろ考えたものだ。

まず納豆屋である。東京では当時朝食には必ず納豆を食べる人が多かった。

そこで納豆屋をやればどうだろう、しかし同じような納豆屋ではつまらない、何とか製造、販売方法に新しいやり方はないものかなどと考えたものである。

また魚屋になったらどうかとも思ったことがある。

威勢がいいというだけでなく、もっと仕入れや売り方に工夫できないものだろうか、などと研究したものである。

こうして次から次へと夢をみることは楽しいものだ。

私は生来の貧乏であったから、余り元手をかけないで金もうけすることを考えた。

それは何か新しいものを考え、つくることであった。

こうして私の独立はバンドの尾錠を考案し特許権をとったことによりはじまった。以後洋傘の付属品や水道自在器の仕事もやったが、それらの改良や作業の能率向上に好んで取り組んだものだ。

そのうちにシャープペンシルの夢にとりつかれた。より便利なものをという夢を実現することに生き甲斐を感じ、苦しいこともあったが、新製品のペンシルが自分の手で考案されたときの喜びはまた格別であった。

いまの若い人には夢がないという。私の若いころとは時代も違う。

しかし、いつの時代になっても若い人の夢が人類の進歩に大きく役立つと思うのである。

名人をつくる必要はない

昔の職人は手の早い、技《わざ》のいい、いわゆる名人というものになれ、とやかましくいわれたものである。

しかし、仕事のやり方については何も教えてくれない。以心伝心ひとりでコツコツ技を修得する、というのが普通であった。

弟子が湯加減を盗もうとして手をつっこんだところ、その腕を切り落とされたという刀鍛冶の話がある。

昔は技術を極端に秘密にして、特定の人間だけに秘伝として授ける、という風習があった。

だが現代ではすっかり技術は公開されつくしている。

それも分業化して行なわれるようになっている。

だから私は名人はできてもいいが、強いてつくる必要はない。

どんな仕事でも細かく分析したら必ずできるのだと、わり切って考えている。

近代工場の経営方針はそこに成り立っているのだと思うのである。

ヤスリを一人前に使うのに三年かかったというような昔の話はもう通用しない。

今ならグラインダーで一回ざあっとやればそれでいい。誰でもできる。

ここの相違である。

大変失礼ないい方かも知れないが中小企業の方の中には、まだ昔日のままの方がいるのではないだろうか。

私の若い頃のようにコツコツと人より余計に働きさえすればいいという考え方。

それだけでは伸びていかないと思うのである。

日本だけでなく海外のものをよくみて機械の力を応用するのである。

働くことは大いに結構だが、人力だけに頼る時代ではない。

ひとあし先に

人のいく裏に道がある、という諺がある。

他人のマネではとて本物以上になれないし、成功もしない。

かつて私が世話になった錺屋《かざりや》の親方というのは、昔かたぎの名人肌の職人であった。その人は
「機械が何だ。腕でこい」

というタイプで、そのころの職人にありがちな新時代の機械が大キライであった。

しかし、私は子ども心にも
「いくら親方の腕がすぐれていても機械にはかなわないのになあ。これからは、いい機械を他人よりも先に使わないと成功しない」

と考えていたものだ。

そこで独立して金がたまると、次々に機械を買い入れていった。誰もまだ機械に目をつけない、ただ腕をきそいあった明治の終わりのころの話である。

結局これが今日の私の事業に大きく寄与したのであった。

事業の上でも販売の上でも案外こんなところに何かアナがあるのではないだろうか。

当時とは違って今日は文字通り日進月歩である。

激しくうつりかわる時代相を油断なく見通して、他人がまだ手をつけていない盲点をすみやかに見つけ、独自の方法をとっていくことが大切である。

そのころ、私のことを

「早川の機械気狂い」

と職人仲間からカゲ口をきいたが、新しいことをしようというとき、他人のカゲ口をいちいち気にしていたのでは、なにもできないのではないかと考えたものである。

アポロ11号の教訓

技術の進歩というものはまことにおそろしいほどである。

アポロ11号が成功（昭和四十四年）したのもコンピュータの驚異的な進歩がもたらした成果といってよい。

いやコンピュータだけでなくあらゆる電子工学の結晶が実ったといえよう。

オトギ話の世界のものでしかなかった月に人間が降りて歩くということは、戦前には全く想像すらできなかったことだ。

その月をオトギ話の世界からいっぺんに人間の住む現実世界のものにしたことは、いろいろの意味でわれわれに非常な感動と暗示をあたえていると思うのである。

ただ飛んだ、素晴らしい、だけではいけないわけだ。

私は技術屋だけにとくにそう思うのかも知れないが、アポロの成功は世界の人々にこの驚くべき技術の力を改めて認識させたと同時に、はかり知れないほどの発奮材料になったと思うのである。

一見不可能のように思えることでも、考え、そして勉強することによって可能になることを今回の着陸は教えている。

たとえば電話なども電柱を立てて各戸に線を引いているが、もうあんな方法は古く、やがて線のいらない電話の時代がくると私は考えている。

世の中は常に動いており、古いやり方、現在の方法が一番いいと信じているところに進歩はないと思うのである。

長所と短所

人間だれにでも長所があり短所がある。

長所を伸ばし短所をなくせば良いに決まっているが、これは仲々むずかしいことで特に短所は簡単には直すことが出来ないものだ。

ですから、短所をなくす努力をするより、長所を伸ばす工夫を考える方が良策であると思っている。

長所が伸びてくると短所はそれとともに逆に小さくなっていくものである。

近頃よく見聞することであるが、最近の若い人の多くが一般的に見て知識は確かに広いが深さがなく、ものの考え方や理想なども良く似ていて個性的でないようである。

この傾向が良い悪いは別として、私は少々風変わりでも骨のある個性の強い人間がもう少し数多くいてもよいのではないかと思うことがある。

私どもが手がけている家電製品にしても形といい材質といいデザインは実に良く似ていて、ブランドを隠せばどこのメーカーのものか専門家でさえ区別がつきにくいほどである。私どもの業界にかぎらず、いいと思えばすぐ真似る。儲かるとなれば何でもすぐ手掛けてみる。

この日本人精神というかやり方が、わが国の経済成長をささえてきた一つの要因であるかも知れない。

しかし、もう少し各々の個性や特徴が生かされてもいいのではないかと思うのである。日頃は忙しさにまぎれて、自分の長所、短所、或いは会社の特徴が何であるかを等閑しがちになっていないか、今一度この辺りのことを見直してみることも将来に備える大切なことであろう。

第七章　働く

早川特選金属工場をご視察の三笠宮殿下と
（昭和 29 年／ 1954 年）

猛烈社員

最近は猛烈社員ということばが流行している。

猛烈社員大いに結構であるが、むやみやたらに猛烈に働けばいいかというと、そればかりではいけない。

やはり働く以上は工夫し、各自の業務にいち早くとけこんで能率をあげることが大切である。

いかに努力して働いても、そこにアイデアが生み出され従来の力の何倍もの効果がないと進歩がない。例えば昔は原価計算などは細かくやっていなかった。

大ざっぱな計算である。

しかし今日ではそれでは事業の成績は上らない。

正確に原価を計算しコストで競争せねばならない。

ということはすべての段階においてムダを省くことである。

これを一口にいえば
「速く、楽に、きちんと、ムダとムラをなくする」

私の方でいま奈良の天理市に新しい工場を建設中（昭和四十五年竣工）であるが、従来なら千人の人手がいる生産を僅か八十人でやる計画である。

しかし私にいわせると、これでもまだ人手がかかり過ぎると思うのである。

もっと工夫し、もっとアイデアを出しほとんど無人に近い工場を将来は建設したいと考えている。

ほんとの猛烈とは体力を使うだけでなく、それ以上に頭を使うことだと私は思うのである。

迷惑をかけるな

われわれ製造家としての使命は良いものを安くつくり、お客さまに提供することだと思っている。

したがってわれわれは絶対に失敗をしてはならない。

一つの商品の失敗は多くの人に迷惑をかけるからである。

たとえば従業員一人の失敗から悪い商品が生れるとする。その悪い商品を買った客がまず迷惑を蒙るとともに

「あの会社の品物は悪い、これからもう買わないでおこう」

ということになる。

そうなると会社の悪い評判がたってますます品物が売れなくなる。

品物が売れなくなれば当然業績が落ちるわけだから、従業員の給与も悪くなる。

従業員ばかりでなくその家族も迷惑をうけるし、株価が下がるから株主も損失を蒙る。もちろん下請工場もそうだし、販売店も打撃をうけるだろう。

こうしてみてくると従業員一人の失敗は、単にその会社自体に迷惑をかけるだけでなく社会全体に迷惑をかけることになるわけだ。

逆に従業員一人ひとりがそれぞれの持ち場を完全に守れば、まず社内が幸せになる。社内が幸せになれば社会が幸せになり、それがこんどは個人の幸せにハネ返ってくるのである。

この世の中はすべて循環しており、一人の失敗、一人の怠慢がはかり知れないほどの迷惑を社会に与えるわけだ。

考えてみるとまことにおそろしいことである。

ムラとムダは過労のもと

若い人から疲れない方法があるか、ときかれたことがある。
その人は若いのに過労で病院へ通っているというのである。
そこで私は疲れない方法は平均して働くことだ、と返事をしたのである。
ムラのある働きをするとムダが生じる。
ムダが生じると過労になる。
だからムラとムダがなくなれば過労にならないですむと思うのである。
平均して働くということは仕事に計画性をもつことであろう。
人生にも計画があるように、日常生活にも当然計画があるはずである。
朝起きたら今日はこれだけやろう、それで一日の計画がきまる。
ところが明日の分までやろうなどとムラのあることを考えるから、そこにムリが生じ疲れてしまう。

しかし仕事が一時にたくさんきた場合には、計画通りいかないことがよくおこる。

そんな場合には、すぐそれに応じた新しい計画をたてなおしたらいいのである。

私たちは忙しい、忙しいといいながら案外ムダな時間をもっているものである。

人と会うにも要談以外に長くかかったり、非能率な仕事をやったり、夜ふかしをしたり……つまりこんなムダをできるだけ無くして、いつも平均して働くことを心がけて健康にも留意したいものである。

〝ハタラク〟のため生きぬく

「はたらく」ことが人生の本領であるという考え方を日本人はかなり古くから持ち続けてきた。

私もだいたいこの意見に賛成である。

しかし最近の若い人たちの間には、人生は快楽だけが本来のものだとする思想をよく見聞きする。

いま私はそれの是非をとやかく論ずることはさしひかえるが、働くことが人生の真の相《すがた》とする私の意見をすこし聞いていただきたい。

まずはじめに人間は決して孤独では生活できないということである。

現代のように高度に文化がすすんでくると、社会という集合団体の中における個人であるという絶対逃れ得ないお互いなのである。

かつて、働くことは個人の野心をみたすためのものとせまく考えられた時代があった。たとえば事業を経営するにしても、ただむやみと一個の野心や欲望を満足させればいいという独りよがりの考えがあった。

しかし、今日の事業家で事業は社会の公共のために存在するということを疑うものは誰もいない。

すなわち、日々を互いが働くということは、一見自己、一家だけのためのごとく考えられるが、事実は数えられぬほど多くの人たちの役に立つように仕事を分担しているのであって、私たちの生きる意義もここにあると思うのである。

私はこれを称してハタ（側）を楽にしていると解釈している。

一家にあって、各人がハタを楽にするという心がけをもっていたら、その家庭は円満で幸せである。

ハタラクのために日々を生きぬく、これでこそ人生の本領であると思うのである。

転職は十分考えてから

アメリカでは転職がどんどん行なわれているということである。日本でも最近は少しでもいい条件の会社へ移るのが流行しているということをきいたことがある。

アメリカの実情はよく知らないから軽々しく批判するのは避けたいが、日本の場合は余程考えてから行動をしないといけない。

というのは、よその花は赤いという諺どおり、人の仕事はよくみえるものである。少し自分の仕事がうまくいかないといってすぐ悲観的になり、さっさと転向する人、僅かに給料がいいといってすぐ転職する人を往々にしてみかけることがある。

おそらくこういう人は、転向先の会社で、何かちょっとした不満があると、またすぐやめる人である。

己が確信をもってたずさわった会社なり、事業なりは少々の変転や、障害にぶつかっても、めげず憶せずこれを乗り越える強固な意志をもちたいものである。

営業関係でいえば、今月の売上げが低下した、先月もよくなかったということがあると思う。

そんな時には来月、来々月にと気持ちを新たにして創意工夫をし、くい下がっていくべきであろう。道一筋である。

人間の一生は一筋の道をコツコツとつらぬくということ、すなわち一途の蓄積が、まことに偉大な成果をあげるものである。

簡単に職業を変えるたびにすべてはふり出しに戻り、はじめからまた蓄積せねばならない。

人生には転機というものがあり、やむを得ず人生航路を変えねばならぬ時もあるが、決して上っ調子で変えるべきものではない。

社風と愛社心

三十億という人間がこの地球に生きている。

そして一人ひとりがそれぞれ異なった顔をもっており、性格もまた違っている。

つまりおのおのが個性をもっているわけだ。それと同じくそれぞれの会社にも個性があり、独特の社風をもっている。

A社にはA社の、B社にはB社の社風があり、世間ではよくそれを会社のカラーなどといっている。

社風は単にその会社の業績や、規約できまるものではない。

例えばどこの会社にも従業員心得というようなものがあるが、これも会社における日常勤務規定であって、だいたいはどの会社でも大同小異のものだ。それが社風を決定するとはいえない。

わかりやすく一口に社風をいい表わすことはむずかしいことで、ここで具体的に述べることは控えますが、私どものシャープにはハッキリ、シャープ独自の社風というものがある。

これは会社の創立このかた何年も何年もかかって、さまざまな時代の移り変わりの中に会社幹部や、従業員たちによっていつか知らず知らずのうちにつくり上げられたものである。

しかし、一人ひとり別々にみた場合には、ちょっとわからない。それがシャープという公の場にあると自から他とハッキリ分けられる性格をもっている。

会社内で私たちの心に通じ合っているものといえば、まずこの社風というものではないかと思う。

そしてこれが会社を愛する一つの面をなす大切なものではないだろうか。

社風を尊重して伸ばすことはお互いの個性を生かすのと同様、われわれが常に気を配らねばならないところだと思うのである。

かげの心がけ

常識ある人間ならだれしもが相手方に愛嬌をもって親切ごころで接するものである。しかし人に見えないところではどうかすると往々忘れ勝ちになることがあるものだ。こうした人の目にふれないところでの親切ごころを私は「かげの心がけ」といっている。家庭でも職場でもこの「かげの心がけ」があると明るいなごやかな雰囲気になるものである。とくに商売をしている販売店などでは大切であると思う。

店主さんや店員さんが、この「かげの心がけ」をもってお客に接すると、それがお客さんたちの心の琴線にふれ、その効果は必ずお店に戻ってくるのである。

しかし、戻ってくることを目標にするのではいけないので、どこまでもその奥にある相手に対するこまかい心やり、隅々まで行き届いた親切ごころが、かげの心がけと考えている。

品物の知識をとくとわきまえて、これをお客さんに納得していただくまで懇切丁寧に解説できる心の用意、まずこの心がけこそがそのスタートであろう。

サービス、サービスというが、その意味するところは必ずかげの心がけが伴っていることでなければならない。

お客さんから「あの店なら」といわれるような信用の蓄積は、まずかげの心がけからとみて間違いないと思うのである。

あらゆる宣伝も店かざりもすべてそこから自然に育ってくるのではないだろうか。

表面的には目立たないかげでの配慮、ひたむきな努力といったものが、この世の中でいかに大切なものであるかを、私どもはいまいちど認識する必要があると思うのである。

機械に使われるな

「アポロ11号の教訓」の項でも触れたがアポロ11号の打上げが、いよいよあす（昭和四十四年七月十六日）にせまった。

二十一日（日本時間）には人類の歴史がはじまって以来、はじめて人類が月面に着陸し、月面第一歩のもようをテレビカメラでとらえ地球へ送ってくる。

われわれは、これを茶の間で楽しめるということは、人類の頭脳と努力の成果で実に幸せなことであると思う。

ところで、先日、私の経営する育徳園保育所を巣立った青年達が、ぜひ園長である私と対話する機会をつくってくれというので、彼等を自宅へ招き、その機会をつくった。

高校生、大学生、それに会社につとめている者など数十人の若い男女が集まってきた。

さまざまな問題が出て話し合ったが、最近の文明社会に対し不満をもつ声が案外多かったのには驚いた。

機械化がすすみ、社会生活が便利に豊かになるに反し自然が次第に滅び行き、機械に支配されて人間性というものが失われていくようで面白くないというのである。

なるほどとは思うが、この考えはぜいたくであり、間違ってはいないかと思うのである。社会はどんどん進歩発展して行く。

それを推進するのも、機械をつくるのも、また機械を使うのも結局は人間である。機械に使われるという意識をすてて機械を支配する人になってもらわないといけないのである。

彼らは月ロケットに大きな興味をもっている。その反面、童話や童謡にある詩情ゆたかな月のイメージをこわさないでほしいという。

その気持ちも分らぬこともないが、科学の進歩、社会の発展というものは、これを押えようとしても押えることはできない。

私たちはこれに歩調を合わせ、先んじていく態度がなければ時代に遅れ、退化していくことになってしまう。一部の若い人が機械の進歩はもうこれでよいのではないかといったが、機械の進歩がないと、人間が人間を養い切れないことになりはしないかと考えるのである。

失敗を生かす

わたくし達が人生を歩んで行く途上で、いろんな失敗をする。仕事上のこともあれば、食べすぎたり、飲みすぎたりして身体をこわす失敗もある。

いずれも自分がいたらないから起すのであろうが、やむをえない場合もあろう。ただ大事なことは、失敗した時に失敗を失敗として放っておかないことである。

失敗には必ず原因があるのだから、何故そうなったのか、その原因を追究することが大切である。

原因を追究するのは、失敗を反省し、二度と同じことをくり返さないようにするためだが、ただそれだけではない。追究して行く過程で新しいアイデアが浮び、逆によい結果を生む場合もある。

わが社で最近あったことであるが、ある電子部品の製造過程で、大量の不良品が出た。

すぐに不良の原因調査を行なったが、分析しているうちに、この不良部品が特殊な働きをもっているらしいことに気付いた。

早速数名からなる研究チームを作って、その部品の分析、研究がすすめられた。

不良発見以来約一年、やっと実用化の確信が得られたので、先日発表したが、これが世界的な開発として各マスコミに大きくとり上げられた。

ガリウム砒素負性抵抗発光素子（ＧＮＤ）という新しい半導体である。

比較的簡単に製造出来、電子計算機をはじめ広く応用が考えられる画期的なものである。失敗をただ消極的に反省するだけにとどまらず、積極的に生かすよう心がけたい例であろう。

「失敗は成功のもと」という諺もあるが、いくら失敗しても、それが生かされなかったら成功にはつながらない。

しかし、やはり失敗しないように常々心がけることが何よりも大切なことはいうまでもない。

二十九歳で重役になった男

私の会社のある重役の若い時の話である。

彼は幼くして両親を失い、縁あって十四、五歳の時私の会社に入った。なかなかよく気のつく少年であった。

その彼が次第に認められて経理部門の責任者となっていた頃のことである。

風邪で会社を三日ほど休んだので、私は部下を見舞いにやった。その部下が見舞いから帰ってきて私に
「ヤツはえらい男ですなあ。高熱でおきられないのに、枕元に洗面器をもってきてぬらした手ぬぐいで頭をしばりながら、むつかしい経理の本を読んでいました」

と報告するのである。

しかも、せまい部屋には経理に関する専門書や自分の仕事に関する資料がギッシリと並

んでいたという。

彼は二十九歳のとき重役になった。

もちろん彼は大学を出ていない。だが負けずぎらいの根性と、仕事へのひたむきな情熱、努力、それらを勘案してみると大学卒以上のものを身につけているのである。

世間並みにいえば異例の抜擢といってよい。

しかし、私は常に人物本位、実力主義で人事を行なっているので、そうした私の考え方からすれば、別に異例ではなく当然といってもよい。

こんな話をもち出したのは、いま流行のモーレツ社員になりなさいといっているわけではない。

ただ、いつの時代であっても、自分をのばそうとするならば、かげの勉強を怠ってはならないし、人より抜きんでようと思うならば、並の人と同じ態度ではダメであることを申しあげたいのである。

まごころ販売

私が発明して特許をとったシャープペンシルも、発明当初は問屋から何かと難をつけられ不評を浴びせられたりで、ほとんど商売にならなかったものである。

その頃、こんなエピソードがあった。

当時、東京銀座に日本一の文具店といわれていた伊東屋があり、私は何とかこの大きな店と取引したいと思い六ヵ月間通いつづけた。

そして六ヵ月目に、やっと初めて主人に会える機会を得たが、その時主人から「シャープペンシルの鍍金がはげることはないか」という質問を受けた。

私は「鍍金のことだから、はげないとは断言できませんが、私の実験では十年持つことになっております。

しかし、十年と申し上げては信用いただけないかも知れませんので、三年間は大丈夫保証いたします……」と返事した。

もちろん、摩擦実験を十分行ない、自信があったから、はっきりと言明できたのである。

伊東屋のご主人は私の返答にひどく感激してくれて、初対面であるのに持参した見本のシャープペンシル三十六種全種にわたり、各一グロスずつの大口注文をくれた。

この時、私はまごころ販売と品質の安定がいかに大切なことであるかを改めて感じ、また、仕事にはねばりが必要なことを体験したのである。

販売に、時にはかけ引きが必要な場合もある。

しかし、その場かぎりの販売では決して長続きしない。

正しい商品知識をもち、買っていただく相手の立場に立って販売し、心のこもったアフターサービスをするところに信用が築かれ、次の需要を生むための良きつながりが保たれるのである。

徹する心

『嬉し涙が見える』のページでも触れたが、私は奈良の壷阪寺にある目が不自由で身寄りのないお年寄りの老人ホーム「慈母園」を昭和三十六年（一九六一）の開園以来毎年慰問団をくんで訪問しているが、ある年落語家の桂春団治師匠にも参加いただいたことがあった。

その時の師匠の熱演ぶりと振舞が強く印象に残っているので紹介したい。

師匠はもともと粋な和服姿で参加されていたので一同はそのままの恰好で芸を披露されるものと思っていた。

しかし、いざ舞台に立った時には目のさめるような黄色の着物に黄色の羽織り、朱色の帯、真白な足袋という出立ちで一同は一瞬おどろいた。

目の見えない方々が聴き手である。それだけに一層気持を引きしめるために素裸になって、肌着から着がえをしたということであるが、さすが一流の芸人で、そこに芸道に徹した美しさを感じたのであった。

酒好きと聞いていた師匠が昼食の折に出たビールを一切口にしなかったのは、食後に慰問出演を控えていたからであろう。

道ひとすじに徹するということは、きびしいことである。

しかし、こうした一本すじの通ったかげの心がけが芸の幅、更には人間の心をも広く大きくしていくのではないかと思うのである。

その場その場の日和見的な行動からはいいものは生れるはずがない。

私ども日常の仕事に於ても同様で、目標なり計画をたてたら総力をあげてぶつかっていく姿勢が大切である。

達成するために徹底した努力をする、そこに最近よくいわれている生き甲斐とか、働きがいも出てくるのである。

中途半端な取り組み方でもって生き甲斐や働きがいを求めても、それを感じることはできないであろう。

第八章　人生

満80歳を迎えて（昭和48年／1973年）

不幸に動じない信念を

われわれが体験する日々の喜びや、悲しみは決して永久的なものでない。

現在がとても幸福である、と喜びに満ちたおのれを考え、幸せが永遠のものであれと願うのは誰しもが望むところであろう。

しかし、不幸というものは、その幸せのすぐそばからのぞいているものであるし、にわかの不幸がきて、肉親に別れるとか、大病になるとか、思いもよらぬ身体障害をうけて悲嘆のどん底に落ちるとか……。

そんな場合、誰しも何んと不幸な人間だと考える。

が、不幸だっていつまでも居すわってその人につきまとってはいないのである。

やがてはその人にも喜びの日が開けてくるのである。

こうして喜びと悲しみは表裏相半ばして人生を運んでいく。

私たちは我とわが心の持ちようによってそれを適当にコントロールする。悲しみを己に課せられた義務だと思って堂々とそれに向かってこれを一つひとつ解決していく。

それがやがて喜びにつながってくるのである。

成功した人たちが若きころの逆境時代をかえりみて、自分の現在の幸せは過去のこの不幸、苦しみを乗り越えたおかげであったと、却って辛かったころを感謝するということはよく聞くところである。

不幸があるからこそ幸せが生きてくるのであって、事なかれは幸せとはいえない。

不幸を不幸とみて動じない信念、日々を愉快なりと感じとる心の転換、幸も不幸も、それは処してゆくお互いの心の持ちよう一つでどちらともきまる問題ではないだろうか。

よき思い出

私の歩んで来た過去で、現在本社のある西田辺の思い出は生涯忘れえぬものの一つとして何回か触れてきた。

関東大震災で仕事も家族も失い、勿論まとまった金とてもなく、旧従業員十数名とともに大阪へ移り、この地を地盤に再起しようと決心して足溜りになる場所を物色していた。間もなく懇意になった近所の荒物屋が、南の郊外に一寸した土地があるというので、一日連れられてその土地を見に行ったが、そこは長池と呼ばれる池の近くで、あたりははるかな水田つづきである。

折から麦の穂がのび、菜種が黄色い花をつけ、あちこちに村童の遊ぶのが見られるというかにものんびりした田園風景だった。

私は気に入って、坪六銭という地代で、向う十年間上げない契約で二三五坪を即座に借地することに決めた。

これが現在の本社所在地である。

私がこんな辺鄙な土地を選んだにはそれなりの理由があった。

第一地代が安く、次に工場を大にすることによって、不便なこの地を発展させて見せるという抱負と、かの村童たちがやがて私の工場に来て協力してくれるに違いないと……。

この将来の夢は今日遂に実現された。成人した村童数十人は工場の人となり、後にそのうちの一人は重役にまでなった。国鉄、私鉄、地下鉄と、交通の便にもめぐまれ、その発展ぶりは今や昔のおもかげをすっかり葬り去った。

現在本社の周囲に百何軒かの飲食店があると聞かされた時、長池で洗った大根が、堤に沿うて棚にかけつらねて乾かされていた野菜どころでもあったころのことが改めて目に浮んでくる。

このように人にはそれぞれの思い出がある。過去を振り返り、失敗した頃を思う時は改めて反省し、いい頃を思い浮べれば更にそれを生かすよう心がけ、思い出を新たにして進むべきであろう。

私の失敗

人間は誰しも長い人生において失敗をかさねて、はじめて一人前に成長していくものである。

今では遠い昔の話となってしまったが、私にもこんな経験がある。

約八年にわたる錺屋《かざりや》の住み込み奉公がすんで、いよいよ一人前の錺職人となり、仕事はすべて受け取りということで能率に応じ賃金支給をうけることになった。

いきおい早く仕上げることに気をとられて、知らず知らずに仕事が雑になってしまったのである。ある日、親方から

「なにを作ってやがるンでえ。おめえ、腕がおちたなあ」

こういわれた時は胸にこたえた。

当時の職人として腕が下ったといわれることは致命的なもので、私はひどく落胆し、店

をとび出し、向島の土手を放心したようにあてどもなく歩き続けた。

そのとき「金剛石も磨かずば玉の光は添わざらん……」という歌が私の脳裡にフト浮かび、次第に私の気持ちが静まって、もとの立派にみがかれた仕事にもどることができたのである。

とかく失敗したときは、その瞬間の悪興奮にカッとなリ、自分自身にもわからない虚無感のまま行動するものであるが、胸中深く秘めた何かがあれば立ちなおりも早いものである。

この時の失敗は以来長く私の印象に残っているのである。

うぬぼれは敗退の道

「十で神童、二十で才子、三十すぎてただの人」

昔の人はうまいことをいっている。事実、神童と呼ばれ、才子と称されていた人が三十にもなると、にわかに精彩がうすくなり、期待に反して無気力に終わってしまうケースが往々にしてある。

私はこれを当人の迷いと自信の欠如からきた結果だと解釈している。

実社会では青年時代に修得した学問や、観念的な知識だけではどうにも納得できない問題が次々とおこるものである。

しかも、こうした出来事は日常ふだんの姿なのだが、案外に神童や、才子がこれに戸惑って無気力に迷路の中におちいってしまうものである。

働き盛りの三十歳にして、既に先が遠すぎると感じたり老化現象をおこしたり、マンネリズムな生活態度で日を送ったりする。

折角習得した学問や技術が貴重であることに変わりはないのであるが、当人はそのものを活用することを忘れてしまっているのである。

そうしてそれを自分の責任であることを忘れ、ひどいのはこれを他に帰するものすらある。

また、うぬぼれを自信と混同して考えている人間もいる。

しかし、うぬぼれと自信は根本的に異なっているものである。

自信には背後に常に現実に即した進歩性や蓄積の力を伴っているが、うぬぼれにはこれが過去の幻影だけにつながって、現実を見通し、それを貫く力を持っていない。

自信は世間に認めさせて生きてくるが、反対にうぬぼれは世間から見放されてゆく。自信がうぬぼれにならぬよう心せねばならない。

うぬぼれはいつか敗れるものである。地に足をおろして、正しい自信をつけるようお互いやっていきたいものだ。

人生は運・鈍・根

人生は運・鈍・根の三つだという人がある。

運の方はともかく、鈍と根の人に案外大きく成長をとげる例が世間によくある。鈍は「どん」と読ませて、にぶいとか、のろいの代名詞になっているが、そのままの鈍では救いがない。

私は鈍そのものは好まないが、私の解釈の鈍には土性骨が含まれている。物事を完成するまでの鈍には根が付随していなければならない。

ただの鈍の人には、たとえ知識が豊富であっても自分の頭にだけしまっておいて、人に分けることをしないので、何んの役にもたたない。

これでは知識がないのと変りがないと思うのである。

こう考えていくと、鈍と根の人にはだいたい着実な性分のものが多く、わき目もふらず蓄積を重ね自分を豊かなものにしようと努力する。

それがやがて年輪の厚みとともに、仰ぐばかりの存在にもいたるのである。

その反対に、利口といわれる人は自分を信ずることが強いだけに、いささか才に走りすぎる傾向がある。

努力を重ねる人にはその長い積み上げの期間中に、幸運という女神がほほ笑みかけるチャンスも待っているはずである。

古いノレンの信用なども考えてみると、この鈍と根とで幾年もコツコツと積み上げた代償だといえよう。

しかし、人間はノレンという形ができ上ると、すぐそれによりかかって肝心の鈍と根を忘れてしまうことがある。

そのため、やがて時勢にとり残されていってしまうようだ。

われわれには新しい時代を生きぬく鈍と根が望ましいのではなかろうか。

足らざる幸せ

昨年（昭和四十三年）八十一歳で亡くなった大石順教尼はご承知のように両手をなくされた方だが、生前この人から言葉をもとめられたことがあった。

そこで私は足らざるところに幸は存在する、という意味のことを書いて返事をさし上げたことがある。

こういった身体障害者でなくとも健康な人間においても人生には決して満ち足りるということはまずないのではないかと思うのであるが如何なものであろう。

どこかにわれわれはみな欠けたところを持っているもので、それを満たし補うために日々に努力もし、生活にいそしんでいるのである。

そうしてこの足らざるものを満たそうという気持ちをもつことで希望もわき、人生の生き甲斐もでるというもので、己の足らざるものにうちひしがれて、すっかり希望をなくし、人をうらみ、世をすねるのではこれほどの不幸はあるまい。

また実際足らざるもののないという世界がたとえあったとしてもそれが果たして幸福かどうか、これもよく考えねばならぬところである。

まことの幸はすぐそばにいた青い小鳥にあるという古い話のとおり、本人の心の持ち方や人間によってきめられることだと思うのである。

身体障害者の方々にも残存する能力を天はあたえている。

この能力をできるだけ活動させ、一歩一歩建設することでやがて障害をもふみ越え輝く幸の門にも達し得るのではないだろうか。

かくして苦難をこえたものにこそ、余人には考えもおよばぬ奥ふかい幸を感じとるに違いないと思うのである。

三つの楽しみ

私どもは生きていく上で、つらい苦しいことにしばしば出会う。悩み、努力しても少しもうまくいかない。放り出してしまおうかと思うこともある。

こんなとき、苦しみに負けて不平不満を言いがちである。

しかし、不平不満を言っているうちは幸せは決してやってこないものだ。不平不満があってもまず忘れることが肝心で、それには楽しみを持つことである。

大きな楽しみは負担になることもあるから、小さな楽しみを多くもつことがいいと思う。

職場においても家庭においても、ちょっとしたことに楽しみを求め、気分の転換をはかり明日への英気を養うことを忘れないでいたいものである。

最近の私の楽しみは、

小さな欲

小さな奉仕

小さな楽しみである。

これを私は自分の〝三つの楽しみ〟として日常生活の中でうまく楽しむよう心がけている。

小さな……といっても人によってその判断基準が各々異なるから、分相応な……といった方が適切かも知れない。

この三つの小さな楽しみは、私が年をとってきたかなと感じだした頃から、しみじみと味わうようになったので、老後の楽しみといったところである。若いのに欲が小さくては困る。

しかし奉仕や楽しみは小さくていいと思う。

いずれにせよ人生に楽しみは必要なことで特に逆境にある時、苦しい時に、これが心のささえとなり、ようし頑張ってやろうと気をとり直させてくれるいわば心の栄養剤のようなものである。

苦しいこともあるが日々が何となく楽しい。

この生きる喜びを感じる人生こそが、たとえ平凡であっても素晴しい人生だと近頃つくづく思うのである。

「何糞」という文字

私ぐらいの年齢になるとよく書を頼まれることがある。六十の手習いというが、私は七十から先生について書道をはじめたので何様字になっていない。人様に頼まれても最初はご遠慮申しあげていたのであるが、近頃ではとうとう断り切れず、ヘタな我流の字を書いて責を果している。ところでいろいろの書をかいて差し上げたが、ある日とんでもない字を頼まれて面くらった。

「何糞」という字である。

字からうける感じがどうも感心しないので、最初はこの字を書くことに気がのらなかった。

しかし先方は

「この字でないと私にぴったりとこないんです。是非お願いします」

というのである。

この人は「何糞主義」で生涯をつらぬき立派に成功された方らしく、額に仕立て日常室にかけていたいというので思い切って色紙に書きあげた。

書いてみると、私たちが古くからいいならわしているこの二つの字の持つヒビキというか、その語感、そして字からうけとる何ともいえぬたくましさ、土性骨とでもいうものがぐっと身内に感じられる。

つくづく色紙をながめているとほんとうに書いてあげてよかったと自分でも楽しい気持ちになったのである。

「何糞」という主義はやはり今でも生き生きと息吹いているようである。

腹をたてたら損

人間にはそれぞれ長所も短所もある。

私なども随分短所があるが、その半面また長所もあると思っている。

私だけでなく誰でもそうではないだろうか。

私の長所は自分でいうのもおかしいが人を信用することであろう。

と同時にこれが私の短所にもなっている。

だが私はこれでいいと思っている。人を信用する方が、疑って信用しないよりもはるかに自分の心が安まるからである。

そして今までの経験からすれば十中八、九まで人間というものは、こちらが信用すれば必ずこたえてくれるものだ。

もちろんだまされることもある。

取引先に納入した品物の代金がサギ同様の手段でダマしとられたこともあった。ながいつき合いの友人に裏切られたこともあった。

普通なら腹を立てるところである。若いころの私だったらもちろん怒ったであろう。しかし、私は腹をたてない。

こんなことをいうと「そんな甘いことでこのきびしい世の中がわたれるか」という人が多いだろうが、私はこんな場合すぐに心の持ち方をかえるのである。

考えてみると、品物はとられるわ、腹をたてるわ、では二重のソンである。腹をたてればまず健康に悪い。

代金をもらえない上にからだを悪くすれば全くいいことなしではないか。

たとえ代金はとれなくてもテレビやラジオの品物は何らかのルートでお客に渡り楽しんでもらっているのである。宣伝のために品物を無料で使ってもらっているとさえ思うことがある。

そうなると腹がたたなくなるから人間の心というものは不思議なものである。

親切にすると気分がいい

私が大阪へきて新しい仕事をはじめた時につくった最初の標語がある。

それは〝親切第一〟ということばである。

その当時の工場の周辺は今と違って田んぼばかりで道が非常にせまい。

そこでまず道路を整備することを考えたが、そのお金がない。

それではというので皆がクワをもって毎日仕事のはじまる前に道を広くした。

自分の土地でもない、いわば公道なのである。

しかし皆が汗を流して働いた。

これは〝親切第一〟の方針のあらわれだと思った。

その後製品のケースにまでこの標語を印刷したのであるが、中の製品が悪ければ親切第一とかいてある標語が泣く、というわけでみんなはげまし合ったものだ。

昨今の世相をみると、親切にすることが何かバカバカしいような気風がある。とくに一部の若い人々の間では親切といえばいかにも古くさいように考えているようだ。

コンピュータ時代といわれる昨今だが、いかに時代が進もうとも、人間が互いに生きている限り〝親切〟はますます必要であり、光を放つものだと信じている。

だれでも人から親切を受けたら嬉しいものである。

その時の気分を忘れないでいて今度は自分が返すつもりで、だれかに親切をしたいものである。

親切は例え小さな親切であれ、まず自分の気分がいいし、相手にも、まわりの人々にも明るい爽やかな気分を与えるものである。

他人のせいにするな

神戸銀行で金庫破りがあり、犯人をつかまえたところ実はその銀行の行務員で、何と銀行に百万円からの預金をしていたというのである。

これには私も驚いた。それだけの預金がありながら、どうして金庫破りをするのか、どうも私にはわからない。

話はかわるが、私の家も泥棒に見舞われたことがある。記念にいただいた置時計や、絵や、三月堂を模した厨子などが盗まれた。

犯人は二人組で一人は捕まり盗品の一部は出てきたが、肝心の厨子とか絵や時計はまだ出てこない。多分、逃走中のもう一人が持っているのだろう。

別に惜しいものではないが、仏をお祭りしてある厨子を盗む泥棒の根性というのが、これも私にはわからない。おそらく金銀で張ってあるので余程金目のものと思って盗んでいったものだろう。

だがたとえ盗んだものにしろ縁あってその男の手元に渡ったものである。仏罰が当たるよりむしろ仏の加護によって真人間に更生してもらいたいと念じている。

悪事を働く人は悪いつながりがあるのか一度や、二度改心を決意してもなかなかなおらないようである。

また、この人たちに共通していることは、すべてを他人のせいにすることだ。自分がこうなったのは「社会が悪い」「親が冷たい」といった調子である。一面からみると弱い人たちともいえよう。

私も若いころそんな恨みがましい思いにとらわれるときがないでもなかった。

しかしそんなときそのころ読んだ講談本の「不自由を常と思えば……」という徳川家康のことばが妙に思い出されたのである。

「なあに、不自由が当たり前なんだ。他人のせいではない」

と明るく気を取り戻して努力したものだ。

今日私が幸せに人生を送っておれるのは家康のことばにはげまされ、すべてを他人のせいにしなかったからだと思っている。

交通事故と身だしなみ

交通事故死者は年々ふえる一方で、今年は昨年（昭和四十三年）より一ヵ月余りも早い八月二十八日に、一万人をこしたという。実に寒心にたえない記録である。新聞によると事故の原因は、わき見運転が最も多く、ついで飲酒運転、スピード運転と、運転者の不注意によるものが目立つということである。

要するに運転者の心のスキが事故をおこしたといってよい。

私は昭和四十年十二月から三年間大阪府の公安委員を仰せつかっていた。その役目がら毎週聴聞会に出席し、事故違反者に接していた関係もあって、こうした交通事故の統計や報道を見ると人一倍ショックをうけるのである。

ところでながい間聴聞会に出席していて、ちょっと不思議に思ったことが記憶に残っている。

というのは事故をおこした人の八割ぐらいが非常に身だしなみが悪かったことである。もちろんこんな人が何故事故をおこしたかと思われるような人もいるし、身だしなみの良し悪しが事故や、違反に直接つながるとは思っていない。

しかし、身だしなみを良くすることは自分の気持ちをキチンとすることになり、引いては心にスキをつくらないことにもなるのではないだろうか。

タクシーに乗って、その運転手さんの服装がキチンとしていると何んとなく安心した気分で乗れるものである。

そう考えてみると自分の身のまわり、車の中を整えることも安全運転の一つの条件になるのではないかと私は思うのである。

何はともあれ、ちょっとした不注意が被害者はもちろん当人もそれぞれの家庭も一瞬のうちに破壊し、不幸のどん底におとしいれてしまうのである。

恐ろしい事故の結果をいま一度お互いが考えてみなければならない。

火災の教訓

—関東大震災—

大正十二年（一九二三）九月一日、私は東京で大震災に遭遇した。

全従業員や家族に手当り次第にひきずりだした衣類、ふとんなどをそれぞれ頭にかぶらせ、米と金を分配して避難させた。後に残った私は座敷のまん中に椅子を持ち出して腰をかけ、せめてこの工場や事務所や自宅に火がつくまではここで頑張っていてやろうと思った。

惜しいのではなかった。独立して十年、目を閉じて自分の三十一年の歳月をふりかえっていたのである。

やがて私も避難の群れの渦へ巻きこまれていった。もうどこも火の海である。隅田川に近い堀割にかかった高橋に来た時、ここは当時珍しい堅固な鉄と石との橋で、燃え落ちてくることはあるまいと思った。

しかし火は橋の上の荷物を焼いて流れ、その焔は橋下にまでどっと吹きつけた。私はむろん、多くの人がみんな水中に逃れた。

そして流れの中で多くの人が溺れて死んだ。私は橋の台石にとりついていた。タライが流れて来たので頭からかぶったが、やがてそのタライさえ燃え出した。

靴下を口に当て、水面にちょっと顔を出しては水中に頭を入れ……耐えること七時間、水中につかったままでいた。水面すれすれの所は煙に影響されず呼吸が比較的楽にできたし、毛糸の胴まきは水中で暖をとってくれた。

朝が来て橋上にはい上った私の目にかすかにうつったのは廃虚と化した東京の姿だった。

高橋橋下の死者は八百余名、生存者は僅か三名であった。そのうちのひとりである私は、燃え残った火のかたまりの中に立ちつくした。

例年九月一日がくると、私はその時を回想して慄然と肌に粟を生じる思いをするのである。

そして今でも大火などの時には、いくら水があっても狭い川にはいってはいけないと感じるのである。

『遠い星』公演に寄せて

私の半生を描いた演劇『遠い星』が昭和四十八年（一九七三）八月二十一日より九月九日まで大阪道頓堀の「朝日座」で一般公演された。

『遠い星』は作家の石浜恒夫氏が、四十二年二月から一年余り三百七十九回に亘って大阪新聞に連載された私をモデルにした伝記小説であるが、これが四十七年に単行本として春陽文庫から出版され、東京の林多加志プロデューサーがたまたま書店で見つけ購読されたのが契機で演劇化されることになったのである。

私にとって過去は貧乏と逆境と仕事の連続で決して良き思い出ばかりではないので、せめて自分が健在なうちは劇化を避けて欲しかった。

しかし、制作者側では構想に三ヵ月、脚本に四ヵ月余りを費やし、上演時間三時間半の大作一本立興行を計画、しかも舞台装置などに新しい試みを企てるなど大変な力の入れようだったし、また、私のささやかな半生記がご観劇いただく方々にとって何かの指針となり、少しでもお役に立てばと思い劇化を承諾した次第である。

劇は、奉公へ出るまでの少年時代（七～八歳頃）、奉公時代から独立まで（十七～十八歳頃）、独立から関東大震災まで（二十～三十歳頃）、大阪での再起（四十～五十歳頃）と大体四つに上演時間を分け、感動的な内容にまとめられていた。

私は友人や知人に会える楽しみもあって連日のように劇場へ出向いた。

当初は木村功という役者が演じる自分の過去の姿を私自身がこの眼で見ることに複雑な気持がしたし、また、劇を面白くするためのフィクションが気になったが、演劇と割切って見ていく中にこの劇に愛着を感じ、見るたびに感慨無量の気分になった。

『遠い星』初演はマスコミにも大きくとり上げられ、おかげさまにて好評を得、成功裡に閉幕することができた。

そして昭和四十九年六月には東京有楽町の「読売ホール」で二十三日間に亘り再演されることになった。

私の好むところではないが、やはり感謝しなければならないと思っている。

満八十歳を迎えて

十一月三日、私が満八十歳を迎えたのを機に、佐伯社長ほか当社の幹部が主催して、大阪・都島区の「太閤園」で祝賀会を開いてくれた。

当日は、日頃から特にご昵懇《じっこん》にしていただいているお取引先のみなさまをはじめ、友人・知人など三百名余がご多用の中をご出席くださり、親しくご懇談いたす機会を得、良き人とのつながりと健康のありがたさを改めて心に感じた一日であった。

ところで、私は同じ明治二十六年（一八九三）己年（八白）生まれの仲間で、己八白会（みやしろ会と呼称）という懇親会をつくっている。

現在、会員は十一名で、二、三ヵ月に一度、そのつど会場を変えて会合をもっているが、老齢同志ながら、出席率も良く楽しい会である。

本年（昭和四十八年）はお互いに八十歳を迎えたので、これを記念に鳩の置物を会員数だけ別誂えし、身辺に飾ることにした。鳩にした理由は八十（ハト）寿だからであるが、お互いに余年を〝平和〟に送りたい願いもこめている。

人生八十年をふり返り、つくづく幸せに思うことは、何といっても、良き友人、知人、お取引先の方々と心のつながりをもってこられたことである。

良きつながりは苦しい時には支えとなってくれ、ある時は良きチャンスをもたらしてくれた。

日頃から相手に迷惑をかけず誠の心で接し、分けたり分けてもらったりしているところにお互いの心に実りが生じ、良きつながりが築かれていく。

そして、そこに人生幸せの根源があるというのが私の持論である。

これからも、過去に蓄積してきた良きつながりを保ち、さらに新たなつながりを大切にしながら、微力を尽くして社会に奉仕してまいりたいのが念願である。

第九章　楽しむ

70の手習い、書を楽しむ

七十の手習い

私は、文字通り七十の手習いで週一回、先生について書道の手ほどきを受けた。

かなり昔に書を習ったことがあるが、一向にものにならなかったので、今度こそはと、五年間やり抜く決心で続けた。

約束通り五年半続け、最近は仕事の都合により先生にも相談して止めたが、字を書くということはむずかしいことである。

自分の意志通りなかなか筆先がはこんでくれない。

私は早朝に練習することにしていたが、朝のすがすがしい気持ちの中で机に正座して、白紙の上によくすりおろした墨をたっぷりふくませ、息をこらして一点、一画をおろそかにせず筆勢を集中していく。

その時の心の緊迫は実に素晴らしいものである。

しかし出来上がったものはとなると、どうも意に添ったものが少なく、十数枚書いて、まあ一、二枚というところであろうか。

手習いは坂に車を押すごとし
油断をすれば後へ戻るぞ

むかしこんなたとえ歌をきいたことがある。手習いは、ちょっと怠けると元の黙阿弥にかえるということであろう。

こうみてくると書道も、結局は私の持説である蓄積ということになってくるのではないだろうか。

休みなく練習を続けて技術を重ねていくこと、その根本は会社の五つの蓄積、信用・資本・奉仕・人材・取引先の蓄積の意味と何ら異なるところがない。

私は自分に課した身近なこの書の勉強に、蓄積の実績を自らためしたのである。

「歩」をうまく使え

私の将棋は大分古いのであるが、もともと縁台将棋からはじまったものなので我流である。

将棋の専門家の話をきくと、一番難かしいのは「歩」の使い方だそうであるが、素人同然の私からみてもその通りだと思う。

「歩」は数も一番多く、敵陣に乗り込めば金になる。

だからこの使い方が勝敗を決するといっても過言でない。

遊びと、事業を一緒にするわけではないが、会社などでも原理は同じだと思うのである。

例えば平社員が商売のことで他の会社へ行く。

そうすると相手方部長あるいは重役とも話をする場合が多い。

そんなとき、「歩」である平社員は「金」になって相手と対等の話をせねばならない。

つまり社内では一兵卒であっても、敵陣に入れば時には部長のつもりで、あるいは重役になったつもりで話をすすめねばならぬのである。

したがって社員の使い方がまずいと「歩」だけの働きしかできないが、上手に使えば「金」と同じ力を発揮することができるわけだ。

王将である社長や、飛車、角などの専務、常務も「歩」である社員がそのもてる能力を十二分に出してこそはじめて生きてくるし、はげしい競争にも打ち勝てるのではないだろうか。

こうして考えてくると、単なる遊びに過ぎないような将棋にも深い哲理が含まれている。将棋に限らずどんな娯楽でも、ただ遊ぶだけでなく、ちょっと考えてみると人生のあらゆる面に応用できるから面白い。

「和敬無我」の一服

不惑ということばがある。

四十の年齢をいい表わしているものである。

私は自分の仕事に対してはこれまであまり迷ったことはないし、現在の事業にしても六十余年これただ一筋の道につながっているのである。

ずっと仕事に追われつづけていた不惑の頃の話である。

信濃橋の日新ビル内にあった早稲田クラブの会員として、時々顔を出していたが、たまたまクラブ内の茶の稽古室に招かれて一服馳走になった。

ここではじめて気づいたことは、茶席における人物の動作とムダのない能率的な所作であった。

何のてらいもない点前は端正で、少しの無理もなく甚だ気持ちがよかった。

それはわれわれの仕事場で作業に一貫して打ち込んで能率的に仕事を運んでいる姿に何か一脈通じるものがあった。またそこには謙譲と親切と奉仕の心構えが充ちていたのであった。

私は大いに気に入り、その時、十年の間茶の稽古をやることを心に決めた。いいと思ったことは速断即決が私の主義で、早速先生にも来てもらい、当時の金で、たしか百二十円ぐらいだったと思うが道具一式を揃えてお茶をはじめたのである。

十年後もずっとつづけ、同好の人に自宅の茶室を開放するなど三十数年茶に親しんでいる。

私の茶はほんのひととき茶に親しめば非常に心が安まる。固苦しくもったいぶったものではない。

だから私のような忙しい人間こそ茶をやる必要が大いにあるのではないかと思っている。

茶の本質は和敬清寂といわれている。

しかし私の場合はそんな意味から、むしろ和敬無我というような気持ちである。

細工物への郷愁

小さい時から私は錺屋《かざりや》に奉公して、ここで金属加工の仕事をおぼえたので、いまなお金属加工の細工物に興味がある。

とくに銀、昔流に私たちはこれをナンリョウと呼ぶのだが、銀細工のいい仕事をした器などをみるとすっかり参ってしまう。

材料の銀そのものよりも、それに施された仕事の巧拙が私にはすぐわかるので、よい出来のものにあうと、ふかい尊敬の気持ちがわいてくるのである。

しかし、だんだんとこういった錺細工の名工たちも姿を消していくことはさびしい。

私は茶釜と茶碗などの茶器一式を金と銀でつくってもらってそれを愛用している。

豊臣秀吉は天下をとって大阪の城で金の茶碗で茶を点てたというい伝えを聞いたが、私は何も秀吉のマネをしたわけでもなく成金趣味でゼイを競ったわけでもない。

やはり先に述べたように幼いころからの金属加工への郷愁からきたものである。もっとも金の茶碗といっても全部金というものではない。名古屋の細工師に依頼し、身の軽い桐の木で型をこしらえ、その外側を金で巻いただけのものである。

秀吉の金の茶碗をよく調べてみると、あれは地が金物だから熱いお湯だと、口あたりが熱く、呑めたものではない。

私のはこれに自分の好きな創案を施したわけで、桐を中に入れることによって、熱さと冷《さ》めをふせぐのによいようになっている。

茶道具といえば何百万、何千万円もするものがあるが、これにくらべると私の金銀の茶碗は随分と安いものであるし、何よりも細工物の楽しさが私を満足させるのである。

趣味を楽しむ

趣味は私たち日々の多忙な生活に慰めと、ゆとりを与えてくれる。

また交際の上にも、趣味によってごく自然のうちに和やかなものが生まれて、隔てなくつき合えるようになる。

ただ悪趣味に走ったり、あまり凝《こ》りすぎて重荷になってくると困るから、ごく気楽な気持ちで他人に迷惑をかけないよう、味わう程度にやるのがほんとうであろう。

私の趣味は、将棋・茶道・小唄が代表で、これらには永年親しんできている。

将棋では忘れられない思い出がある。

十数年前日本触媒化学の八谷社長（現在は私ともども五段であるが当時はそろって初段であった）と二人で大山名人と対局したことがある。

名人は手拭で目を縛り、私たち二人相手に同時に両面の将棋盤を前にしての勝負という段取りであった。

ところがいやはや、とても手の施せる相手ではなく、二人とも四苦八苦のまま百数手で同じように負けてしまった。

アマと専門家の相違はかねてきいてはいたが、目前に名人の心眼の対局に接しいまさらながら道に徹した人の妙技と人柄の深さに畏敬の念を深くしたものである。

将棋のほかに玉突も時々やるがこれは万年七十で一向に上達しない。

小唄はよく唄う。私は「初出みよと……」の替歌に「はつ荷」というのを作って自分の唄にしてうたっているがこれ一つで自称シャープ派の家元ということになっている。

清元も習っているがこの方はむずかしい。小唄なら二分以内ですむところを二、三十分はかかるので、ヘタがやると聞く人に迷惑をかける。

趣味なんて少し高じるとすぐ天狗になるものだが、要は趣味におぼれないようにすることだ。

おぼれると本業がおろそかになり、楽しみが苦しみになってしまう。

茶道は能率の芸術

能率的といえば何んといってもいまはコンベヤー作業であろう。

一分間にテレビ八台を生産するというわが社のコンベヤーシステムなどはさしずめ能率の権化といってもよい。

こうした能率的な作業のすすめ方はもちろんアメリカが本家である。

ところが、これとは全く正反対のような印象をうける日本古来の茶道が実はなかなか能率的なのである。

まず作法がきわめて合理的にできていてムダがない、挙止のすべてにムリがない、しかも粗相をしないように見事に段取りができているのである。

まさに能率の芸術といってよいのではあるまいか。

それだけではない。

一服を喫し終る僅かあれだけの短い時間に、見ず知らずの人間が互いに和と尊敬の念を、そして心の静安を通い合わせることが叶うというのだからたいしたものである。

普通私たちがお互いに心と心のふれ合いを持とうとなると、これはちょっとやそっとではできることではない。

たとえばテーブルを前にしてのコーヒー一杯の対面では、やはりそれにふさわしいビジネス談に終ってしまう。

酒の席となると、互いにくつろぐという利点はあるが、時間が長くかかる上にあまり合理的とはいえない。

そうみてくると、作法の合理性、能率のよさ、さらには友情にふれさせる和敬、静安の効能といった点からみると、茶こそ、たぐいまれなる技術ではないかと思うのである。

本来心

今日一日憂いなく仕事が出来たということでよく眠れる。眠るのが楽しい。眠るのが楽しいと、起きるのがまた楽しいのである。近来、私の気持ちをいうと、こんな風で、非常に気分がいいのである。心に動揺することが少ないから、心身はいつも春風の駘蕩《たいとう》たる中に包まれているようである。

人間には常住いろんな不安なものが周囲にくっついているわけだが、私はそれらをあまり気にしないでいられる。

このことは私が年を食って感覚の鋭敏さを欠くことにもよるだろうが、私は生きることがたのしいために不安と感じないし、また現在のありの姿のままに己を委かせることで満ち足りている。

気分がいいということは自分で自分の心をコントロールする、もの事に対して誠意をもって努力して行く。自然とそこにでてくるのが喜びの感情ではなかろうかと思っている。事業にたいし努力して、ひたむきにすすむ、そのときが最高の気分である。

さざ浪は水の表面にこそ立つものの水中の中心では動きがないという。

仏教の教えではこのことを「本来心」なることばでいいあらわしている。

「本来心」をいつもいい気分の中に持していられる私は何たる幸せものであろうと感謝で一ぱいである。

腹六分目

私は生まれつきあまり頑丈でなかったのであるが、九歳のときからきびしい修業で鍛えあげられた。

最近も東奔西走で、周囲の人々が案じてくださっているような毎日を送っている。

腹八分目ということばがあるが、私の場合は腹六分目というやり方である。

過ぎたるは及ばざるのたとえ通り、食べ過ぎ、遊び過ぎ、働き過ぎと、何んでも過ぎると肉体をそこねる。

必要以上に喜び過ぎたり、悲しみ過ぎたりすることもよくないことである。

反対にまた休み過ぎ、寝過ぎもマイナスである。ほどほど以下のところに効果をもとめるのが私の生き方である。

東京時代からの弟子でふだんはとても健康だった男が五十九歳でぽっくり死んだ。惜しい男であった。

死んだ男は健康に自信があったので、若い時からかなり酒などを飲んでいたし、夜ふかしも多かった。

だからその不摂生がたたったといわれても仕方がないのである。

からだの方も自分でおかしいと思えば、それにすぐ合うように養生して正常に戻さねばならぬ。

事業もまた同じで管理者たるものは事業の分析を常に行ない、その折にふさわしいやり方を一日として怠ってはならぬと思うのである。

味憶

私は食べ物についてあまり関心のある方ではない。

克明に味を吟味したり、調理をあれこれ分析するなどは性に合わないし、柄でもない。食べものというものは、それぞれ本人の味の嗜好や身体のコンディション、店の雰囲気などで、かなり評価が異ってくると思うから、ある人が推賞したからといって必ずしも同じ気にはなれない。

私はこれまでとくに珍しかったものとか、楽しかった食事といった具合に、食べものそのものより、それにつながる思い出の方が印象に残っている。

外国を旅行すると、個人の訪問先でよく台所、浴室、手洗いなどを見せられるが、これは自分たちのホームは、かくも清潔にしてありますと、客人に実地に検分してもらって、自家の料理を供応する予備の心構えのようで、まことに結構なことだと思う。

厨房の清潔であることが食生活においては当然の条件で、洋の東西を問わず共通な点だろう。

私は食べものにあまりとやかくいわないが、うまいまずいの味の点はひと通り心得ているつもりである。

この味の記憶を自分流に〝味憶〟とも呼んでいる。

私は大体において、自然の食べ物を愛する。自然の食べ物を食べると、疲れを知らない活動が可能となるのではないだろうか。

毎日口にする食べ物で、着色や混入などの人工加工の施されていない純粋のものが身体にどれほどよいかは「うそつき食品」を持ち出すまでもないだろう。

こんな点からも、あるいは、私は粗食の部類にはいるかもしれない。

また貧しかった少年時代から、粗食に甘んじなければならなかった私をそうさせたのかもわからない。

しかし何もかも自然に適応して生活することが、人間にとって本当に望ましいことではないだろうか。

健康づくり

資本の蓄積ということばを私はよく使うが、資本とは金ばかりではない。健康も大切な資本の一つである。

健康をそこなうと自分はもちろんつらい思いをする。

しかし、それだけではすまない。周囲の人々に多くの迷惑をかけることになる。

そこで健康を保つためにはどうしたらよいか、方法はいろいろあるだろうが、自分の身体を知り自らの健康法を考えておくことも必要なことだと思う。

すでに七十歳代の半ばを越えた私の身体ですから、今さら改めてスポーツをする訳にもいかないので自己の健康法として

一、食事は腹六分目

二、腹をたてない

三、自欲を出さない
四、貸しと借りをつくらない
五、楽しく眠る

以上を日頃から心がけて特に心の静安を保つようにしている。

身体を鍛えることはもちろん大事なことである。

しかし、心の健康精神の衛生を心がけることも忘れてはいけない。

つまらぬことでクヨクヨしたり、イライラして不平・不満を心にもっていたのでは心にも肉体にも良いはずはない。ストレスは明日まで残さないよう工夫し、日頃から心身を健全に豊かに保って生活を送っていれば、病気は自分を避けて、通り過ぎていくだろう。

病気をしない者には健康のよさがわかりにくいものだ。

しかし一度ひどい病気をしてみると、そのありがた味がよくわかるのである。どんなに健康なときがなつかしいか、また病気がいかにみじめで、苦悩のひどいものかも痛いほど思いしる。そして、きまって健康ほどありがたい財産はないと言う。

とすれば健康づくりは財産づくり、つまり資本の蓄積である。

貧乏ゆすり

私は自分では意識しないのであるが、よく貧乏ゆすりをやるらしい。

自分でやっていながら、らしいというのもおかしなものであるが、全く気がつかないときに
「また、おじいちゃんの貧乏ゆすりがはじまった。イヤだわ……」

とそばから娘の苦情がでてはじめて気がつくのである。

習慣である。

なかなか改められないものだ。

「貧乏ゆすりじゃないよ。ぼくの振動健康法だ」

と理屈をつけてはみるものの、いわれるとおりの貧乏ゆすりには違いない。

貧乏ゆすりということばは昔から耳なれているが、あまり感じのいいものではない。

とくにそれを指摘されるとよけい切実にきこえるものである。

生来じっとしていることができずセッカチ家で活動ずきのわたしは、いつか休息している間にも運動神経の方でひとりでにこんな形の動作をはじめるのであろうか。

とにかく貧乏の名はどうあろうと、この小きざみのゆすりがわたしにとって健康の証左であることは疑いのない事実である。

だからといって貧乏ゆすりをすれば健康になるというわけのものではないが。

はたから見て気になる習慣であるこの一つの癖も、本人の気質を現わしたもので、さして一般に不快な念を与えぬ限り、健康がなせるわざと許してもらおうと考えている。

私の運転免許証

古い箱を整理していると、かつて自分がもらった自動車の運転免許証がでてきた。昭和九年（一九三四）十一月に交付されたものである。

いまではオーナー・ドライバーなどそう珍しくもないが、当時としてはそうざらにいなかった。

免許証をみると四十いくつかの私の写真がモーニング姿の半身で貼りつけられている。懐しく思った。

ただ私の場合オーナー・ドライバーなどと余りエラそうなことはいえないのである。というのは免許をとった私は早速一番初期のダットサンを購入して乗りまわしたのであるが、ある日勢いこんでよその家につき当たった。

幸いケガはなかったが、びっくりしたいまは亡き家内が、あわてて私からこの免許証をとりあげてしまったのである。

だから私の自動車運転もそれで一巻の終り。オーナー・ドライバーも名のみに終ってしまったというわけだ。

したがってそれ以後もちろん事故をおこすわけもなく、私が車の免許をもっていることを知る人すら親しい人たちの中にもいない。

しかし公安委員をしていた私には免許証が汚れていなかったことが、幸いしたとひそかに喜んだものである。

今度こうしてみつけ出し、しげしげながめながら昔のことをあれこれ回想したのであるが、私のもらった免許ナンバーは五五五五五番という、まことに覚えるのに都合のいいものであることもまたわかった。

ゴーゴーゴーゴーゴーと口の中でよんでみると、何か元気躍動するような感じがするのである。

偶然にも会社の創業五十五周年に当る年だったので、余計にそう感じたのかも知れない。

「喜分」のポチ袋

近頃若い人の間で、辞典にもない私達の理解に苦しむことばをよく見ききする。それがきわめて空疎なことばのやりとりであっても、今では習慣になって世間でもあまり気にかけないのが現状のようである。

ことばといえば、私は謝礼や心付を渡す時、贈物袋に「喜分」と書く。喜びを分けるという意味だが、これは私流には気分がいいにも通じると思っている。

最近は幸せを分ける「幸分」とも書いている。こういうことばは無論字引にもないであろうが、私はこれで満足している。

その袋を渡す時、自分が喜んでいるから、自分が幸せなんだから受け取って下さいと、こういう持っていき方をしているのである。どんな美辞麗句よりも、たとえことばはまずくとも真実のこもったものでありたいものである。

私はいつも人のお世話、社会のお世話になってありがたいと思って感謝しているが外へ出る時はいつもポケットに、この贈物袋を数枚入れて何時でも感謝のお返しが出来るようにしている。

贈物袋といえば大層に聞こえるが、俗にいうポチ袋である。

その袋も一般に売っているものではない。よそさんからいただいた物の包紙などをお手伝いさんに普通のものより少し大きめに作ってもらっているのである。

私はその袋を一枚五円でお手伝いさんから買っているのだが、考えてみれば紙屋か、文具店で売っているものを買っておく方が或は安いかもしれない。

しかしこうすることによって、自然に無駄をしないようになり、すべてにおいて物事を雑にしない心がけが養われていくと思うのである。

お手伝いさんの手製の袋はまたたまってきた。

今日もその袋の何枚かが、感謝の気持ちとともに私のポケットにしまわれ、そして出てゆく。

しずかな楽しみ……「静寂」

しずかな楽しみ……これに静寂ということばをあてはめてみてはどうだろう。

茶の方では和歌につづいて静寂ということばを古くから使っているが、静寂とは字も発音も似ているが、この場合とは意味はすこし違っているように思われる。

われわれの人生で、果てなく続き、かつ何時までも変わりのない心境こそ、この静寂ではないかと思う。

何によらず、われわれは極端に走ることは避けたいものである。

喜び過ぎて有頂天になること、悲しみに沈んで己を失うこと、いずれも不幸であると思うべきだろう。

われわれの事業がうまくいって前後を忘れていたらどうなるか。すぐ不景気の波におし流されたり、他との競走に敗れてしまうだろう。

何ごとも意のままになるからといって不摂生をやると、やがて身体をそこねてしまうだろう。

また失敗したからといって悲しみに身を打ちひしがれて自分を破滅に追いこむ。これも愚かな話である。

いずれも極端に走り過ぎた結果であると思う。

春の花紅葉の秋のさかずきも　ほどほどにこそまれほしけれ

こんな歌があるが、遊びの盃を重ねるにも適当にすませるようにしたいものである。

昔の中国ではこれを中庸ということばであらわしている。

どれも私のいう静寂にほぼ通じる心だと考えている。

「しずかな楽しみ」これをいつも心の奥にたたえている。むろんそのためにはつねに冷静にものの本体をみつめ、容易に動じないだけのふだんの心構えがいるわけであるが……。

早川徳次翁の生涯

■生い立ち〜奉公

早川徳次翁は明治二十六年（一八九三年）十一月三日東京日本橋生れ。氏は生後間もなく母親が病に倒れたため、一歳十一ヵ月のときから養父母に育てられることになった。養家の義父は人は良いが酒呑みで経済的には貧困だった。二年後に義母が急病で他界。その翌年に十九歳の後添えがきて、幼い氏（徳次）につらくあたった。

やがてこの継母に子どもができ、イジメがひどくなってきた。養子縁組の契約に従って小学校には入学させてもらったが、夜遅くまでマッチ箱貼りの内職を手伝い、睡眠不足でしかも空腹が満たされない日々であった。

このままでは危ないと感じた隣人（目の不自由なおばあちゃん）のお世話で、金属加工の町工場へ住み込みの奉公に出ることになった。

小学校は二年生で中退。満八歳のときである。爾来約十年間に亘り奉公生活を体験した。（早川翁曰く、〝自分には学歴はないがその代わりに実歴を得た〟と。）

奉公の仕事は朝早くから夜遅くまで厳しいものであったが、辛抱できたのは逃げて帰る家もないし、何よりも三度の食事をさせてもらえ、僅かながら給料（小遣い）がもらえたからであった。

■独立〜関東大震災

満十八歳（大正元年、一九一二年）のとき、バンドのバックル（〝徳尾錠〟と命名）を発明し、大量の注文がきたのが契機で独立した。独立に必要な資金は取引先の社長が氏を見込んで出資して下さった。独立して三年後に結婚（二十一歳）。

その翌年の大正四年にシャープペンシル（金属繰出鉛筆）を発明した。

当時は和服を着る人が多く、洋服向きのシャープペンシルは出足不調であった。いろんなタイプのペンシルを作り、営業につとめ、除々に売上は伸長し工場も拡張、数年後には従業員も二百人に達した。三十歳の頃である。

そして、大正十二年（一九二三年）九月一日午前十一時五十八分。かの関東大震災に遭遇。工場は焼失し、奥さんと子ども（七歳と五歳の男の子）を失った。自らも火の海の中を川へ逃れて約七時間、橋の台石につかまっていて九死に一生を得た。

その一ヵ月後、筆舌に尽くせぬ傷心の氏に対し、大阪のシャープペンシル特約店から保証金（二万円）の返済要求がきた。事業一切を烏有に帰し、返済するお金はない。仕方なく焼け残った機械とシャープペンシルの四十八種の特許を譲渡し、大阪へきてシャープペンシルの製造を指導することで保証金を返済することとした。指導期間は六ヵ月で、この間は月給百五十円のサラリーマンであった。

■再起〜ラジオ

翌大正十三年（一九二四年）九月一日、「早川金属工業研究所」を設立。東京で事業にかかわってくれた従業員と地元採用者合わせて十名ほどで大阪での再起をはかった。

仕事は万年筆の付属金具や歯科治療の材料の製造であった。

その頃アメリカ製の鉱石ラジオを手にする機会があり、分解し研究してみたら自分にも作れそうなので事業として取り組むことにした。

大正十四年（一九二五年）の春、国産第一号の鉱石ラジオの組み立てに成功。その六月にＪＯＢＫ仮放送所が最初の電波を流し、見事試作のラジオが受信した。（従業員一同興奮状態だった由である。）早速量産・販売を開始し、ラジオ受信機事業は順調に拡大していった。

昭和十年株式会社組織、昭和十七年早川電機工業株式会社に社名を変更。

しかし、昭和十八年頃から太平洋戦争の影響で資材不足となり、ラジオ生産が思うにまかせない状況となった。

■戦後不況～テレビ

昭和二十年（一九四五年・満五十一歳）終戦。殆どの企業、国民は厳しい状況下に置かれ、同様会社経営も容易ではなかった。

特に昭和二十四年～二十五年の金融引締政策により不況の色が濃く、他の要因もあって八十社あったラジオメーカーが殆ど倒産して十八社に減った由である。会社は将に存亡の秋、窮地に追い込まれた。氏（早川社長）は苦渋の決断をせまられ、人員整理と銀行からの融資で何とか危機を脱した。

その後朝鮮動乱があり、民間放送の開始もあって景気が回復、ラジオの売上も上昇し会社は持ち直した。

ラジオの次の事業として、テレビに注目していたが昭和二十六年（一九五一年）にテレビの受像機の試作に成功。翌二十七年渡米してＲＣＡと技術提携し、二十八年国産第一号白黒テレビを製造販売。いち早く量産体制を築いた。（昭和二十九年育徳園保育所開所。理事長に就任。満六十歳）

昭和三十年以降も不景気や困難期はあったが、国産第一号の電子レンジ、世界初のＩＣ電卓の開発・発売など会社は概ね順調に推移していった。

昭和四十五年（一九七〇年）社名をシャープ株式会社に変更。その年の九月に社長を辞し会長に就いた。後任の社長には佐伯旭が就任した。

一応第一線を退いたが、引き続き社業や公務に精励すると共に福祉関係の仕事にも傾注した。

昭和四十八年早川徳次の半生を描いた小説『遠い星』が演劇化され大阪道頓堀の「朝日座」で一ヵ月四十回上演された。(翌年東京有楽町の「読売ホール」で再演。)

昭和五十一年育徳園保育所を移転・新築。その年、早川翁は勲二等瑞宝章を受賞。

昭和五十五年一月入院、六月二十四日永眠、八十六歳だった。

早川徳次翁が創業したシャープ(株)は液晶と太陽電池で更に飛躍しており、創設した育徳園保育所は地域福祉、老人福祉分野にも事業をひろげながら着実に歩んでいる今日である。

本書は一九七〇年四月二十日初版発行した、『私の考え方』に四六判収録にあたり、改訂第十刷追記を加え再構成、新装、改訂した。

■著者略歴

早川徳次（はやかわとくじ）

明治26年、東京に生まれる。大正元年、東京に於いて独立創業、同年、バンドの尾錠を考案、特許権取得。大正4年、シャープペンシルを発明。
大正12年、関東大震災に遭遇、設備一切と家族を失う。大正13年、大阪へ移り早川金属工業研究所を設立、ラジオ受信機の製作を開始。昭和10年株式会社組織に改め取締役社長に就任。昭和17年、社名を早川電機工業株式会社と改称。昭和29年、社会福祉法人育徳園を設立し、理事長に就任。昭和35年、国際アメリカン協会よりアカデミー賞を授与される。同年、藍綬褒章を受章。昭和40年、勲三等瑞宝章を受章。昭和42年、大阪府公安委員長に就任。昭和43年、大阪市民表彰を受賞。昭和45年、社名をシャープ株式会社と改称。同年取締役会長に就任。同年、雑誌『財界』より経営者賞を受賞。昭和46年、大阪文化賞を受賞。昭和51年、勲二等瑞宝章を受章。昭和53年、ＮＨＫ放送文化賞を受賞。昭和55年6月24日、永眠。享年86歳。

■著書『私と事業』『続私と事業』『私の履歴書』『ある日ある時』

■趣味／将棋・茶道・小唄

私《わたし》の考《かんが》え方《かた》

一九七〇年四月二十日　初版第一刷発行
二〇〇五年二月十日　新装改訂版第一刷発行
二〇一九年三月二十八日　新装改訂版第九刷発行

著者　早川徳次

写真提供　シャープ(株)

発行者　杉田宗詞

発行所　図書出版　浪速社
〒540-0037
大阪市中央区内平野町二-二-七-五〇二
電話　(〇六)六九四二-五〇三二(代)
FAX　(〇六)六九四三-一三四六

印刷・製本　亜細亜印刷(株)

落丁、乱丁その他不良品がございましたら、お手数ではございますが
お買い求めの書店もしくは小社へお申しつけください。お取り替えさせて頂きます。

Printed in Japan　ISBN978-4-88854-421-4 C0012